唯一的母语

——杨炼：诗意的环球对话

Yang Lian
Unique Mother Tongue

华东师范大学出版社

华东师范大学出版社六点分社　策划

杨炼在诺尼诺奖发奖仪式上

杨炼

1955年出生于瑞士，成长于北京。70年代后期开始写诗。1983年，以长诗《诺日朗》轰动大陆。其后，作品被介绍到海外，并受邀到欧洲各国朗诵。1987年，被中国读者推选为"十大诗人"之一，同年在北京与芒克、多多、唐晓渡等创立"幸存者"诗人俱乐部，并编辑首期《幸存者》杂志。1988年，应澳大利亚文学艺术委员会邀请，前往澳洲访问一年，其后，开始了他的世界漂流和写作生涯。目前为止，出版诗集十种、散文集二种、众多文章已被译成二十余种外文。他的作品被称为当代中国文学最有代表性的声音之一。

1999年，杨炼获得意大利FLAIANO国际诗歌奖；同年他的诗集《大海停止之处》，获英国诗歌书籍协会推荐英译诗集奖。先后担任德国"Lettre-Ulysess"世界报道文学艺术奖、德国威玛（WEIMAR）国际论文竞赛、"德国之声"国际广播文学竞赛等评委，以及斯洛文尼亚"Vilenica文学节水晶奖"评审团主席，"Free the Word国际笔会文学节"顾问等。近年来，他策划、主持了一系列中、外文之间的诗歌交流项目，如首届中英之间旨在深度交流的"黄山诗歌节"，中国、斯洛文尼亚诗歌之间的"方言写作"项目等，获得了国际诗歌界一致好评。杨炼于2008年在哥伦比亚举行的第74届国际笔会大会上以最高票当选为国际笔会理事，并于2011年在贝尔格莱德举行的第77届国际笔会上再次当选。

目前，杨炼担任以伦敦为基地的私人国际文学艺术系列项目《唯一的母语》的艺术总监。专注于开创中文古典传统和当代写作间的创造性联系，强调对人生思考之"深"与创作形式之"新"间的必要性。他和英国诗人William N. Herbert作为共同主编，正编选一本全新的英译当代中文诗选，由英国著名出版社Bloodaxe Books出版（2012）。

杨炼自1997年起定居伦敦。

目　录

前言：

　　诗意思考的全球化

　　——或另一标题：寻找当代杰作　/ 1

阿拉伯：

　　诗歌将拯救我们

　　——与阿多尼斯对谈　/ 23

　　什么是诗歌精神?

　　——阿多尼斯中译诗选　/ 35

　　再谈"主动的他者"

　　——与阿多尼斯笔谈　/ 43

南非：

　　诗歌是我们唯一的母语

　　——与汴庭博对话　/ 65

英国：

每个诗人都必须创造出自己的形式

——与英国诗人赫伯特、帕蒂和唐晓渡对话：

找到 21 世纪诗歌交流的语法 /85

俄罗斯：

把蘑菇放进锅里

——与弗拉迪米尔·米库舍维奇对话 /109

中欧/斯洛文尼亚：

本地中的国际：方言写作

——与阿莱士·施泰格尔对话 /137

日本：

开掘每个人自己的智慧之井

——与高桥睦郎对话 /165

香港：

冥思板块的移动

——与叶辉对话 /189

诗意思考的全球化

——或另一标题：寻找当代杰作

一

什么是当代中文诗的杰作？如何找到它们？这个提问令人晕眩。仅就中文诗人而言，从数量上说，就听说今天中国有二百万写诗人口，二百万人，每天在"生产"多少作品？选择杰作，首先在数量上就是一个天文学。更困难的是质量，所谓杰作，该放进什么价值系统中去判断？最方便的捷径，当然还是藏在"中文"这个掩体后面，依托着三千年绵延不断的诗歌传统，把自己与世界隔开，关在小圈子里自说自话，自我欣赏。但问题是，经历了 20 世纪政治的、文化的、甚至语言的重重分裂之后，还有一个纯粹的中文语境吗？没有，却虚幻地谈论它，是浅薄的一厢情愿、或更庸俗的商业化？但不走这个捷径，则意味着必须在全方位上接受"他者"的检验：背后是中文古典诗歌杰作的"他者",面前是古今世界文学精品的"他者",谁能做到全方位的不可替代?这问题是提给诗歌的,更是提给人的。一个"主动的他者",核心之点在"思想"一词上。全球化语境中,我们能否找到——创造一种更深也更新的标准来判断作品?去建立那个理想中"诗意的全球化"?

我以为,诗歌的国际交流,必须立足于不同本地的深度。根决定着枝叶的生长。当代/中文/诗,三个词包含着三重提问。一、"传统与现代":如何理解过去三千年里中文古典诗歌的持续转型,又如何在当代增强其转型的能量?二、"中文与外文":全球化的现实,带来了更大的市场还是更深的困境?如何从更彻底的"不可能"出发,揭示中文包涵的精神启示和质量?三、"人学与文学":如何拒绝任何借口的简单化,坚持持续地赋予形式,用诗作的创造性呈现思想的深度?这三重提问,其实是每个中文诗人自我追问的三个层次。但,它对我们应该不陌生。

两千三百年前,中文诗史上留下名字的第一个诗人屈原,就以他的长诗《天问》,给后代竖起一个高标。一首问"天"的长诗,从宇宙起源,经自然万物、神话历史、政治现实,到诗人自我……近二百个问题,却无一句答案。正确地说,整首诗的能量,正在于以问题"加深"问题。这位中文里的但丁,遗留给我们一个专业提问者的姿态。那问题中的问题是:"你有更深刻提问的能力吗?"这个声音,像一个精神血脉,流淌到今天,依然鲜活。

　　我曾用"眺望自己出海"这行诗句，概括中国 20 世纪至今的历史，其中也包括我自己和所有中国诗人的命运。一个意象：诗人站在海岸边的峭崖上，眺望自己乘船出海。这既基于我自己亲历的国际漂流，更在给出一种思维方式：所有外在的追寻，其实都在完成一个内心旅程。中国现当代的历史，勾勒出了中文诗人精神困境的轮廓。19 世纪晚期到 20 世纪初，西方物质和文化冲击下，满清皇朝崩溃，但"新文化运动"追求现代化的狂热，却表现为对自身传统极端虚无的态度。一种缺乏自觉，从此投下长长的阴影。1949 年以后的中国，本身就是一个观念上的自相矛盾：冷战的"国际"意识形态语汇，混淆了民族主义和专制传统的内涵，缔造和传播着思想的空白。文革结束后，贯穿 80 年代的现实和文化反思，是当代中文诗的真正起源。那个思想激荡的十年，至今仍然令诗人们充满"乡愁"。回顾起来，并非因为那时曾产生过多少精深的观点、丰满的作品，相反，那时大多数广为传颂之作，大多经不起重读，就是说远未成熟。曾经激动我们的，其实是一种特定时代里人生、思想、创作间深刻的生死同步。一个文学史上罕见的、生命即是诗歌的命运时刻。追问文革"谁之罪"的能量，促成对历史、传统、语言、文化心理、乃至自我潜意识的层层反思。那像一种思想"语法"，既是回顾中国，更在打开解读世界的方式。最美丽的交流，仍然是"知音"那个词：我们得在自己内部，"听懂"别人。这里，"思"与"听"融融为一。我不得不承认，中国文化传统的现代转型，本身就是一首史诗，其深刻的思想意义，还远没有被世界（包括我自己）充分认识到。那怎么办？是归咎于 90 年代以后泛滥世界的"利益主义"，且自己也加入它分一杯羹？还是不放弃我们的"出海"，继续像屈原和但丁那样漂泊，汲取痛苦反思的能量，哪怕这在今天仅仅是个人行为？答案当然是后者。但别误解，这并不沮丧。21 世纪的思想特征，正是个人的孑然独立。我们不再能依托民族、文化，乃至"东西方"等等群体模式。每个人都得全方位筛选世界资源，来建构"自我"这座精神之塔。所谓"国际对话"，像一阵清风，只能吹拂在这一座座个性之塔间。对于折磨国人够久的体、用话题，我给出的定义是：独立思考为体，古今中外为用。我这条小船沿着它航行。同样的思维，也引领着穿行于世界文化汪洋大海的每条航船。我们用诗歌的旗语遥相呼应。这本《唯一的母语——诗意的环球对话》，就是我们的航迹。

二

深刻植根于"中文之内"写作的诗人，由于其他原因，成为外语世界的漂流者，这是中文诗有史以来，一个全新的现象。除了"名声"、出版等不值一谈的问题，它对我们的思想和写作，究竟有没有或有什么实质上的意义？这里，第一是在问：我自己能从那碰撞中学到什么？

第二个也并非不重要：我的经验和思考，能给世界提供什么？事实上，我在国外生活的每分钟，就是一场不间断的"国际对话"，而出国后参加的无数文学节、文学项目，更提供了许多深化这种交流的机会。如果说，我在中国就追求建立"自觉"——从人的自觉到诗的自觉——那么，这环球文学之旅，就不仅在给它增加广度，更增加了深度。目标呢？其实并不奢华庞大，我只希望，互动的结果，将催生一首(哪怕只是一行)有深度、耐咀嚼的中文诗。

　　我的第一次有意识的跨国诗人对话，机缘于与阿拉伯诗人阿多尼斯 2002 年在约旦阿曼国际诗歌节上的相遇。如果没有这个对话，以及由此开始的对话系列，阿曼或许早已和其他地点一样，沉没到我的文学履历里了。但幸亏，我对中东古老历史的好奇和对它当代处境的困惑，使我没有停留于旅游者的表面，从到达阿曼开始，我就期待能找到一个合适的对象，去问，也获得解答。对这渴望，阿多尼斯恍如天赐，给了我最充分的满足。他的阿拉伯现代诗创始者身份、他汲取世界灵感而用阿拉伯语创作的大量作品、他绝然独立的思考态度和思想深度、他为坚持这份独立忍耐的世界性漂流，以及最根本也最美丽的，他对阿拉伯文化诚挚的爱，在使我敬佩时，更给我启迪。从那时到现在，我们的对话，已经发展成一种系列，一个独特的国际文化现象。它们令我特别感动之处在于，远隔万里，如此不同的两个语言文化，仅通过诗中隐含的"人之处境"那条幽径，竟互相理解得如此充分！

"诗歌是我们唯一的母语",这句话的美感,在于中文和阿拉伯文的诗歌,对别人或许"神秘",但在我们之间,却敞开得晶亮透明。不是别的,恰恰是诗,保持着对政治简单化、商业庸俗化的先天拒绝(而非被拒绝)。我们当然对反独裁、对巴以冲突有明确的态度,但那是做人的起点,而非诗歌的目的。诗歌的"激情",必须和群体的"情绪"区分开来。诗歌"激情"始终在质疑自身,并在每一行中经历毁灭和重建。"情绪"则经常流于色彩变换的口号,刺激听觉却失之浅陋。困境在创造沟通。中国和阿拉伯的思想者,都必须双向"独立":对内,在自己文化的复杂转型中,既理解其难度又把握其能量,拒绝任何形式的肤浅偏激,却始终坚持冷静的自觉。对外,不追随异国情调和居高临下的简单化,保持对全方位现实的批判性,在世界性思想危机中,发出一个拥有独立人格的独立思想者的声音。我的感动,也同样来自交流的方式:一个中国诗人和一个阿拉伯诗人,完全保持着"第一手"状态,无须经由任何"第三者"转手,就直接达成了完美的交流。好像擦净了一扇总蒙着西方媒体油污的窗户,我们一下子看见了、看清了彼此,且发现有兄弟般的相像!归根结底,我们的理解,来自中国和阿拉伯古老文化这首"原诗"。甚至困境,被理解为某个深刻过程的一部分时,也充满启示。我们的诗作,显现出这"原诗"可见的部分。对话传达的思考,则在探测使冰山浮动的大海。它们继续诗歌的提问。其能量,远比提供答案大得多。可以说，对困境的独特应对，使每个人在完成一个文化个案。对话就像一场个案们的互相验收。中国近三十年迅疾、多维的演变，阿拉伯世界最近一举重绘政治地图，令预言者们愧悔无地，诗人们却拈花微笑，因为我们的触角，早已探听到了变化的迹象，尽管它们曾是潜流，却逃不过诗歌的听觉。诗歌不忌惮写出"毁灭"，因为它的**写**，恰在"再生"。如我所说，诗是"一座向下修建的塔"，从最敏感的思想塔尖，审视、整理着现实和文化的秩序。诗在，人就不得不生长，去成为它的塔基。

我把我的一本本书，称之为一个个"思想——艺术项目"。它们不停打开新的思想深度，激发出无法重复的形式创造，直到多年之后蓦然回首，突然发现这次"出海"竟已驶出了如此之远的航程。我自己也有一个同心圆：创作无疑是圆心，与创作相关的思考是第一外延，与思考配套的艺术项目在更外围，广义的文化、现实关注（可以是写作可以是行动），则贯穿生活无所不在。

这本对话集，恰是我独特生活方式的产物。什么"方式"？一个中国诗人，住在北伦敦，每个月若干次收拾行囊，跳进地铁直奔希思罗机场，飘洋过海洲际旅行是常事，近处的欧洲，简直像串门儿。十余年下来，每个"目的地"都有了长长一串朋友们的电话，通知抵达的电邮总是用"又来了"开头。对我来说，"伦敦"几乎等于"疲个地理"（我开玩笑翻译的"Piccadilly"）那条地铁线，因为它把我带向机场，一个没有地址的地方，一个地球上的形而上，一个四通八达却哪儿也不去之处。我的蒙古血统，或许在这儿找到了当代草原。大群陌生人（像羊群？），匆匆奔向隐秘的方向，擦肩而过时，一丝微笑，凝固在空气中，缓缓消逝。21世纪，人就是这样"存在"的？如此看来，我的生活可以说"丰富"，更可以说"单调"。那种浮泛的、转瞬即逝的相遇，和压根不见面，有什么区别？各种"文学节"，也无非一个个机场。繁忙的时间表，使我无暇深思去做什么，只有当活动变成"下一个"，才匆忙准备一下，接着是那个固定的"程序"：到达，朗诵，收费，走人，与"本地"无关，更与"思想"无关，文学是种"生意"，而生意是活着的"意义"。好危险啊！我们可能享受了掌声，却不知不觉浪费了一生！那怎么改变？我得说，2002年和阿多尼斯的对话，给我打开了一片新的视野。如果我不期而"遭遇"了这种活法，为什么不抓住这难得的机会，有意识地把浮面的寒暄，转化成一种思想碰撞？像太空中两颗星球相撞，击碎固化的外壳，"翻出"我内部的中国中文之思，去逼近其他星球内部的什么"思"，从而看到一阵闪光、听见一声巨响？我的"国际对话项目"就此开始。每当我将去一个地方，感到那儿有某种独特的吸引力在，无论那是什么，我就会考虑，谁是那个合适的对话者？什么是有意义的主题？是的，总是特定的对话者、特定的主题，让一篇对话自然而然地生成。但再仔细看，这里有什么"自然而然"吗？抑或全然仰仗一种自觉？每个提问，在摆上对话的桌面之前，必须先摆进我脑海里，甚至折磨过我很久，才可能变成语词，让对话者听到，让录音机录下，最终写成这里的文字。也通过这文字，那些我们对话的场景，才跳出时间的逝水，停留在我手掌中。无论阿多尼斯面前那一杯阿拉伯咖啡浓浓的香气，还是积雪的白桦树林中米库舍维奇小木屋里伏特加的热度，又或者和阿莱士首次在迪拜"帆船宾馆"、继而在成都白夜酒吧的倾谈，都被文字留下，隐现在字里行间，成了"思想"的有机部分。"思想"，在一个个地点深处，给我们的存在唯一一个地址。

三

这本书不大，其中的对话，既单独成篇，又隐然有某种贯穿。其中，首当其冲是对话的"始作俑者"阿多尼斯，继我们 2002 年约旦对话后，阿多尼斯的诗作被大量译介进中国，先在《当代世界诗坛》杂志出版专辑，接着在译林出版社出版《我的孤独是一座花园》，老诗人专门从巴黎打来电话，请我为诗选作序，这么美好的机会怎能放过？于是，《什么是诗歌精神？》嫣然诞生，它像个衔接点，归纳了我们上次美丽的即兴演奏，又大大推进了对话的深度。几年以来，通过阿多尼斯和我的精神联系，阿拉伯、中国这两个令西方既好奇、又百思不得其解的文化，像打开了宝盒，不再被一厢情愿的"东、西方"群体划分所遮盖，而是呈现出传统深处个性创造力的基因，使它们现代转型的地平线清晰可见。应"中华读书报"之邀，我们再接再厉，又进行了一次题为《诗歌是一种伟大的思想》的笔谈。这次发表，我把它改为更切题的《再谈"主动的他者"》。

"他者"一词，自从由伟大的阿拉伯思想家赛义德"发明"以来，曾风行世界，但那究竟是什么意思？谁是"他者"？该怎样改变被别人"他者化"的命运（无论那意味着虚假的高抬或更糟的"优待种族歧视"——为无须一视同仁的他者们降低标准）？相对于被动的处于"被他者"的处境，我们强调的是：作一个主动的他者。不仅别的文化、包括自己的文化都是他者，都必须面临"自我"的重新筛选、重新组合。就是说，没有固定化的所谓"传统"，有的只是"一个人的传统"，在随着自觉不停深化。与依然以主流自居的西方比，我们的文化困境反而成了优势，因为"全球化"的多重文化参照，对西方还颇像天方夜谭，对我们却是切实的知识结构。再考虑到对语言本身的反思，很清楚的结论是：我们只能自己回答自己的提问。这是绝境吗？抑或超强能量的绝处逢生？"主动的他者"，倚靠不上其他，除了痛苦深刻的自我反思。

在柏林，2006 年，我与著名的南非诗人汴庭博（Breyten Breytenbach），相遇于"尤利西斯国际报道文学奖"颁奖仪式，那导致了对话《诗歌是我们唯一的母语》。这个句子，后来被我常常引用。因为没别的语言，能把诗歌在我们人生、思想中的位置，概括得更到位了。因此，这篇对话的主题，命中注定凝聚在"诗歌的深度"上。我们谈诗歌的诗意，也谈报道文学的"现实的诗意"。无论世界多么自私、冷漠、玩世不恭，甚至把大多数文学变为无聊的装饰，诗歌，凭借其先天对政治简单化和商业化的拒绝(而非被拒绝)，不会放弃人的真诚和文学的超越。只要回到这母语中，我们能立刻发现，不同文化的诗人们互相理解得多么充分！"唯一的母语"，也是我作艺术总监的伦敦私人国际艺术系列的名称。近十年来，中、英之间的诗歌交流，堪称最深刻最丰富多彩。几次构思精巧的中英诗人互译、限定在中英之间首次举行的诗歌节、将于2012年春由著名的"血斧"(Bloodaxe Books) 出版社出版的《玉梯》当代中文诗选、已经展开活动的"中英诗歌翻译中心"，一步步把"深度交流"这个观念落到了实处。本书内我、唐晓渡、英国诗人赫伯特(William N Herbert)、帕蒂(Pascale Petit) 在黄山脚下作的四人谈，轻松愉快地回顾了整个旅程。

我与俄罗斯诗人、翻译家弗拉迪米尔·米库舍维奇的对话，题目颇为有趣：《把蘑菇放进锅里》。为了作这次对话，我特地从莫斯科国际诗歌节，乘小火车来到他在郊外的家，白雪覆盖的白桦树林中，一座真正的俄罗斯小木屋。诗人的家，狭小却温暖，有伏特加，更有普希金。弗拉迪米尔吸引我的是，他虽然与叶甫图什科同属一代诗人，却始终恪守诗歌形式的原则，因此，20世纪60年代时，当叶氏作为社会诗人大红大紫，弗拉迪米尔却默默无

闻。时过境迁，叶氏早已无人提起，今天莫斯科却有了
"米库舍维奇诗派"，而且正是以他对形式的严格要求为宗
旨。诗歌如陈酿，除了"笑到最后"没别的品味！也许同
出于对"另一个欧洲"的兴趣，我很希望了解中欧和东欧
文化，与斯洛文尼亚诗人施泰格尔的对话，选择了一个出
奇的角度："方言写作"。这个灵感，来自于我应邀参加斯
洛文尼亚"薇拉尼查"国际文学节，并担任颁发给与会中
欧作家的"水晶奖"评审主席，我突然发现，自己置身于
超过二十种中欧语言间，它们的共同点，是具备两种能
力：第一深深扎根于自身；第二充分向周围文化敞开。二
者缺一，这语种立即灭亡。但，今天的地球村里，这难道
不是一切语言的命运？另外，我还发现，虽然斯洛文尼亚
只有二百万人口，却有数种方言能用自己的文字书写，反
观中国十几亿人口，却只有普通话一种文字。这"普通"
也太普通了点！深刻的问题是，我们已经不察觉，只要
写，文字就把我们从自己的根上切下，而纳入一个官方
的、悬空的、抽象的"存在"。两千多年了，我们有"中
国文化"，却没有真正的"地方文化"，更遑论"个人文
化"。我们喋喋不休"自觉"，却无视如此赫然的一个黑
洞！我与施泰戈尔的对话，与中、斯"方言写作"诗歌项
目同步进行，先在卢比亚娜、后在成都，中文的"大象"
向斯洛文尼亚"老鼠"学习，一点点挤压汉字，重新"发
明"和方言配套的书写。我的《方言写作》、杨小斌的沪语
诗，就是这种小规模"极端写作"(或"诗歌观念艺术")

的产物。无论它们多幼稚，一个秦始皇钦定的文化方向被扭转了。谁知道呢，这区区数首"方言诗"，也许就在"创始"一个多元中文的历史！

对话集的最后两篇，好像长途旅行归来，回到亚洲、甚至中国。与日本诗人高桥睦郎的对话，以一种稍带诡谲的方式让我大开眼界：我们以为"近"的，其实恰恰很远。跳跳蹦蹦认出日语中夹带的汉字，我们就想象日语很像中文，于是"文化沙文主义"油然而生，殊不知对话后我才知道，中、日语言不仅不像，某种意义上，简直南辕北辙！比喻地说，中文是一只炒锅，无论什么原料，不炒成中国菜决不可口。但"炒"了，这条单行道也回不去了。你把"电脑"再翻成英语，看哪个老外能猜出那在说什么东西？与此不同，日语是一个大沙拉盘，汉字、日本本土语音、照抄照搬的欧美词汇，直接堆放，各司其责，却又并行不悖。青菜、土豆、番茄、火腿，那新鲜的拼贴正是口感！中日语言一封闭一开放，各有千秋，可我们对话的主题"传统与现代"，却同样深深折磨中日诗人。高桥先生精熟中文古典诗歌传统，他艳羡我们的"深"；我则倾慕他始终如一"更新传统"的努力。一篇对话，象征了真正的殊途同归。这条归途，在香港诗人叶辉那儿，变成了对我《大海停止之处》的直接讨论。终于回到中文了，我们能如此畅快地谈汉字、谈形式、谈传统、谈创新，谈无人称句式隐含的死亡主题，谈汉字非时态动词里渗透的时空观念……叶辉和我，自 1988 年 8 月 8 日我踏出国门后，在香港相识，悠悠二十三哉，其间人生、诗歌多少变故！但万变不离其宗的，仍是我们对思想的热爱、对诗歌的信念，以及心无旁骛，一行一行、一首一首、"写出"生命之深刻精雅那股劲儿。写，是比一切漂泊更深邃的漂泊。它不骗人。却让诗，成为古往今来人生的"词根"，并清清楚楚告诉你：学吧。还是加缪说得好："旅行是一门伟大的学问，领你返回你自身"。

四

如果这本对话集，只停留在随机地找几个外国诗人，做几场漫游式的谈话，那我也无非一个文化观光客而已。但，别忘了这篇序言的第二标题（注意：不是"副标题"）："寻找当代杰作"。这把本书的更高立意，定在一个核心问题上：什么是裁判当代杰作的标准？这问题的难度，在于第一我们已没有了古代诗人的幸运：用单一传统的足球规则，立判文学球技的高下。一篇当代作品，总是从内容到形式刚刚"发明"的，总在自说自话，也谢绝别人评判。第二，当外国文化和自己的文化都是"他者"，什么是这个"他者"混淆的世界上，做出判断的理论地基？在今天，我不敢自称是个"古典的"中国人，就像阿多尼斯也不能称自己"传统的"阿拉伯人，不敢不能，而以为还有个"中国的"或其他"什么的"标准能使用，结论只有一个：丧失了自觉。

相对于非自觉的一厢情愿或甚至自欺欺人，我愿意提出**"深度"**一词。因为我相信，即使全球化带给我们一个复杂得多的多元文化语境，它仍然能作为一个标准，去判断何为当代杰作，同时淘汰劣作。细想起来，中文古诗能成为一种世界承认的"极端写作"，历久不衰地证明其杰出，并非仅仅因为简单的"古老"，而是它思想、艺术上的"深刻"。一种人学和文学的双重精彩，让诗人们经历的痛苦迸发出可怕的光辉。杜甫的"万里悲秋常做客，百年多病独登台"，一千二百年后，仍在"写尽"今天人们的流亡感受。李商隐七律中的"沧海月明珠有泪，蓝田日暖玉生烟"，把汉字表现力发挥到形式主义的极致，不"载道"而成为"道"时，唯美与人生同义，一读就点破了当代（世界）诗的粗陋。"深度"，给出了一个方程式，令文学跨时空地"可比"。这个坐标系中，有越多文化传统加入参照，越能看清一件作品是否独特，那意思是，思虑更深，表述更精。于是，拥有超过单一"传统"的作家有福了。曾经遭受过文化洗劫、被不情愿地"逼进"文化杂交处境的作家有福了。我们至少有可能，以更广阔的视野，去比较与综合。无论一件作品的诞生地多么遥远，思想能删去距离和陌生感，只留下其中提出问题、提炼思想和艺术完成（超越）的能力。全方位考察后能否幸存，决定着这作品的意义。

后现代一度诋毁"深度"，但时间标签经不起磨损，没有多久，"后现代"说辞被忘记了，而古往今来文学的精深，照样感动我们。

"他者"一词从陌生到流行，从指斥别人到反思自己，一直引伸到诗人的自我发现。文学写作，就是用一部部作品，创造一个个"自己的他者"，让诗人在每一行中抛弃"旧我"，在下一行完成生命和语言的更新。"主动"，仅仅意味着自觉。

我以为，"深度"应当体现在三个层次上：

一、**自身文化内的深度**：没有抽象的"国际"，"国际"只能建立在不同"本地"之间。文学的根，仍是和自己现实、语言的关系。例如，当代中文诗的"观念性"、"实验性"，归结为一，就是建立和古典传统的"创造性联系"。一部佳作作为"思想——艺术项目"，必须是极端的，极尽探索自我和写作的可能。每个文化都一样，是个人创造力不停激活传统，否则那只是一个冗长的"过去"。

二、**跨文化交流的深度**：极端的原创，挑战极端的翻译，它们构成了跨文化的真正交流。"思想——艺术项目"，正是穿过自身这条隧道，去接近和理解其他文化的。在今天，产生于一个文化背景的思想，也必须对其他文化有效。"全球化"使我们共处一个"大现实"，也只能合建一个"大传统"。谁说中文动词的非时态性，只为中国诗人剥掉了时间幻象？"共时"处境，是人类思想的必要层次。黑暗不分国籍，因为它的名字是命运。

三、**诗意的全球化**："个人美学反抗"的深度：全球化使每个人的无出路如此明确。当民族的、文化的、政治的、甚至宗教的群体都不足以依托，文学才独自承担起我们的"个人美学反抗"。孤寂是能量，深刻的孤寂是超强的能量和超越的前提，我们通过读懂它而互相认可，直到"个人美学反抗"，连接起所有独立思想者。这"唯一的母语"，是一个同心圆，我们从中认出了荷马、屈原、奥维德、杜甫、但丁、曹雪芹、策兰。他们就是我们的深度。

2010年，我参加慕尼黑国际文学节。文学节的主题，恰恰就是"当代杰作"，但整个讨论，终结于一个大大的问号。我发现，欧洲作家睿智如埃柯(Umberto Eco)者，也没认真思考过这个问题。是啊，他们为什么要思考它？当他们还把欧洲等同于"天下"(就像中国人曾这样想过两千多年一样)，这问题对他们没有意义。但麻烦就在这儿了，不是风景的问题，是眼睛出了问题。固步自封，以商业性成功偷换"杰作"的概念，正在腐蚀欧美(和以那为模特儿的)文学，这解释了当代文学质量的薄弱。20世纪盛行的形式游戏，令大量"文学"沦为空话世界的无聊装饰。这是一个反向的警醒。仅仅"新"不够，必须由"深"而"新"(内容的独特要求形式不得不独特)，从"为什么写"追问到"怎么写"，才能保持文学的独立和丰富，防止其堕落为贫瘠的大题材、小形式，给各种"政治正确"的简单化留下机会。用意识形态衡量中文文学，用民族、宗教冲突衡量阿拉伯文学，与用市场成功衡量欧美文学一样，都与杰作无关。当我研读一篇作品，最渴望的，是找到诗意内涵和形式创造间，有种"必要性"。在诗歌上，中文古诗璀璨的"形式主义传统"，对我仍极为重要。因为一首七律铸成的小宇宙，放进今天的文学观念，就在推动我们从"时间的痛苦"挖掘进"没有时间的痛苦"，这不正是这个冷战后、9.11后更血腥的世界的"时态"？这里的国际对话，其根本汇合点，就在这人性关注上。我们每个人，都同时是自己文化的"内"（亲历者）和"外"（反思者），又在对话中，发展出更高层次的、不同文化间的"内"和"内"：深入对话者的世界，也成为它的"内在者"、评判者。"当代杰作"正该是这个大网络筛选的结果。

作为一本小小对话集的序言，而谈论"寻找当代杰作"，是不是扯远了、谈大了？希望不是。毕竟，中文诗，刚刚起步三十年，我们与自己传统、世界其他文学间的"深刻联系"才开始建立。对杰作的眺望，更基于一种对劣作的反感。"眺望自己出海"，是我人生和诗歌的原型意象。我希望，它也能构成一切内心之旅者的原型。于是，这场诗意的环球对话，就会一直继续下去。它能否最终变否定劣作为肯定杰作？但愿如此，慢慢来吧。毕竟，"寻找"一词已表明，我们的旅程，仍延伸在遥远的地平线上。

伦敦，2011 年 10 月 12 日

关晶晶 作品,《无题09-01》

阿拉伯:

与阿多尼斯对话

1. 诗歌将拯救我们

2. 什么是诗歌精神

3. 再谈"主动的他者"

诗歌将拯救我们

——与阿多尼斯对谈

杨：昨天我们的谈话中，你说到的一件事很有意思：住在西方很舒服，但我们真正的诗歌经验却来自别处。能请你再谈谈这个题目吗？

阿：我先得为我的破英文抱歉，我很难用它解释清楚我的意思。

杨：没关系，我也不得不用这"国际第二语言"（International Second Language）。

阿：首先，西方语言中词与物的关系，与我们语言中的非常不同，由此带来对事物观察方式的不同。举个例子，在阿拉伯语中，你不能直接说这只茶杯，你得谈论它周围和它有关的事物，间接地展示它。我们需要许多词、许许多多词来谈论一个题目。词本身就是一个隐喻。这与西方语言和存在的关联很不同。

杨：你是说，在阿拉伯语中，更多地是用意象和比喻

阿多尼斯，奈保尔，杨炼

的力量去暗示而非用语言直接讨论事物？

阿：完全对。继而，你就不能用语言直接去谈论——甚至改变——现实。因为不存在什么现实。唯一的所谓"现实"只是你与事物的关系。

杨：这非常有趣，阿拉伯语中这种对词与物的理解来源于哪里？

阿：……哦哦哦，当你的角度变换，就产生很多现实。

杨：或许你听说过中国古代的哲人老子？他著名的道德经，开篇就说：道可道非常道。这一个句子已经包含了两重含义：第一是语言本身的限制，它不能谈论真正的道；第二更可悲，我们被语言所限制。即使真正的道存在，我们也无从知道它，因为语言的限制就是我们的限制。

阿：正是如此！我们真看见了什么东西吗？没有！

杨：我们不知道。彻底受限就是，我们唯一只看见了自己的眼睛。

阿：所以，人类是有限的，现实和语言都是有限的。

杨：但是，诗歌有其自身的存在。因为我们用语言建立起一个现实——所谓"现实"——而非仅仅谈论一个外在的东西。

阿：我们甚至不能说诗歌比其他表达方式好多少，比如比哲学、社会学等等，人类的基本处境是一样的。

杨：阿拉伯和西方对语言认识的不同，必定影响到西方读者对你作品的理解。对这个情况你怎么看？

阿：因为诗的不可翻译性，我的诗的外文翻译，已不是我的诗歌了。翻译除了折射诗里的某些东西，基本上是一种毁灭。但我又必须说明，我并不反对这种毁灭。虽然译文离原作很远，在另一个文化背景下，不可能翻译词和物之间的关系，不可能翻译意象和比喻背后的含义，但这毁灭的代价是必要的，以便把某些东西传达给别人。

杨：就像我们用过的风景和眼睛的比喻：不是眼睛依赖风景，而是风景依赖于眼睛。你称之为蓝天的，另一个人或许认定是棕色。一首诗的内涵，被不同文化阅读时也不同。他们只选择他们能懂得的东西。

阿：很对。所以我总觉得我的诗在变小，在不同的眼睛里变小。

杨：或许就像昨天晚上，我们站在诗歌之家的阳台上，远眺阿曼这座城市。我们看见了那么多过去的断层：古叙利亚的，罗马的，拜占庭的，阿拉伯的，奥斯曼的，英国的殖民时代的，独立之后加上巴勒斯坦难民们的……所有这些组成了一个历史。它们不仅存在与过去，也存在于现在，作用于现在。我们此刻的自我和语言。我们的写作，正是基于这么丰富错综的历史和它不停的转型。我难以想象一个西方读者，能体会到你诗里的这种文化含量。一个西方读者面对阿拉伯诗歌作品，首先反射出来的念头是以色列和巴勒斯坦、阿拉伯和美国、政治和领土之争，一种绝对地简单化！当他们不自觉地寻找你的政治态度，

奈保尔，杨炼

却正忽略了作品的文化内涵。你一定感到悲哀吧?

阿:当然了。但同时,20世纪以后也有其他人,像诺瓦利斯,像兰波,并未简单化我们。对我来说,他们不是西方人。他们更像东方人,在反抗那个西方。

杨:也许你知道庞德对中文古诗中意象的特别解读。从学院派来看,那也许充满了误解。但我称之为"伟大的误解"。他从一个诗人的角度去看中文,因此能看见有趣的、诗意的东西。他在为诗歌汲取灵感,而不是玩弄政治游戏。因此,是否应该说,无须划分东方人或西方人,是诗人的视觉就能够丰富风景,而任何政治化只能简单化风景。

阿:对,而现在西方对待诗歌的态度,就是反诺瓦利斯,反兰波的。今天在美国,在西方,只要看到杨炼,看到阿多尼斯,就统统冠以"持不同政见"诗人之名……

杨:我讨厌这种说法。

阿:我也讨厌。诗变成了别的东西。

杨:"不同"或距离其实在词与物之间,在对这区别的自觉之中。问题应该是,诗人怎样自觉去创造那个距离,而非试图减小它。距离本来就存在,它是语言的本性之一。诗歌形式更自觉地突出了这本性。对我来说,这才是最重要的。

阿:除了语言本身,诗歌看不到别的东西。

杨:我还想到一个问题:欧美的历史和文化传统,长期以来基本上连续发展的,犹如一条直线。其思维方式的一致，甚至类似延续近两千年的中国文化传统。但中国自十九世纪鸦片战争之后，一连串战败的痛苦经验，使中国人对自己的传统产生了巨大的怀疑，甚至有人提出应该清除中国文化，用西方文化全盘取代它。这种自相矛盾的、复杂的心理产生的后果，只有从今天回顾时，才能看清其悲剧性！但作为诗人，我不得不说，这困境同时也是一种能量。困境加深理解。政治的、历史的、文化的问题，都是诗人自我的一部分。我想，这正是你说的真正的诗歌经验。

阿：我们的传统之内有很多问题。在人的价值认识上；在民主传统的匮乏上。

杨：中国传统中，"个性价值"从未被高度强调过。当代中国诗歌被我称为"恶梦的灵感"，它发源于对文化大革命灾难的追问。一个所谓有五千年文明的古国，为什么沦入连常识都丧失净尽的境地？究竟什么是灾难的原因？首先我们归因于某个政治领导人，但他为什么又有那么多后继者？但怎么解释当代和历史可怕的相似性？还有所谓的"人民"呢，难道几个迫害者，能造成十亿受害者？是什么思维方式在支持孩子批斗父母、妻子揭发丈夫、学生残害老师？这个思维方式又怎样植根于中文的特性？等等等等。每一个灾难是一层提问。诗歌的份量自此而来。这样的过程，是否也发生在当代阿拉伯语诗歌之中？

阿：非常相象。在社会生活中解放个性，以反抗意识形态、泛政治化、伊斯兰宗教话语。在诗歌中解放创造力，以反抗各种简单化。

杨：也许困境，让我们更加期待去重建自己的文化？

阿：去更新文化。你们的古典文化中没有西方意识形态和宗教的控制，因而更自由。你们一定要保持批判性，全方位敞开自己。我想你们现在有了很有意思的诗歌……

杨：但也很混乱。很多中国诗人很矛盾，一方面想保持自己语言和诗歌的特性，另一方面又渴望成功——特别是在西方这个主要市场上成功——于是，他们从开始就瞄准译文，去想象怎么写才更容易被翻译、被国外出版社所接受？然后就照样写，以为找到了成功的捷径。

阿：在阿拉伯语诗中一模一样。因为西方变成了我们的评价者。你不能变成西方人，于是就变成西方写作的复制者，可又在那儿"代表"着别的文化。

杨：一旦你在西方出名了，然后你才知道那"名"有多空。

阿：被翻译的其实不是诗歌本身，而是与其他事物的关系，与那个国家、政治、意识形态等等。最后诗人变成了一件物证。

杨：人们谈论你诗中的黑暗，但仅限于政治的皮肤层次。没人谈论那黑暗是怎样被呈现——甚至创造——出来的；没人谈论你语言的创造力。他们想，因为政治，你的痛苦是天然的。所以只要涉及中文诗，必定用到两个词：国内是"地下"，国外是"流亡"，但这些词和别的政治说教一样空洞，跟诗作的好坏毫无关系！

阿：你看，这是为什么我不喜欢你们的诗人叫什么"岛"的，（杨：北岛）对，我不喜欢诗人走到西方去，说：啊，我反抗共产主义，支持我……

杨：什么都是被包装的。但情况其实也许更糟：当诗人意识到他们出名的原因，他们就开始利用它，把它变成自己的商标。像可口可乐、麦当劳一样的商标，可出售的却是痛苦经验的赝品。组织这场销售的是西方的文学代理人。有时候，你能清楚感到：西方代理人在定购中国的痛苦。这才叫荒诞呢！这场闹剧的真正受害者，是那些真正经历苦难、却没有声音的的中国人、阿拉伯人、或别处的人民。他们的苦难被卖了。这才叫不可思议！

阿：我一直在打击阿拉伯诗歌中这种倾向。同时，又打击西方的偏见。我不站在任何简单化的一边，我两边都反对！这很重要。

杨：你一定觉得孤独吧？

阿：从政治角度考虑问题的人接受不了我的思维方式。举例来说，我从来反对萨达姆侯赛因，但我也反对美国军事攻占的方式。我反对两者。许多人不理解这个态度。对他们来说，你必须选择一边，说"是"或"不"。所谓"持不同政见者"就是这样。但尽管如此，我们还必须坚持下去。

杨：从文化重建的角度来考虑，对独立思考的坚持，是一切活的传统的根。在哪儿、对任何对象都一样。东方的"官傣"令人厌恶,追随西方的"官方"也并不光荣。

阿:与中国几千年的历史文化相比,今天的各种意识形态意味着什么?什么也不是!

杨:西方人的狭隘理解,我想还有一个原因:在他们自己的传统之外,缺乏"学习"的能力。他们只能谈论已经写进教科书的东西。这是"中国诗",这是"阿拉伯诗",从固定的古典形式到当代的政治内容,都是绘制在头脑里的。但我们的诗比那大的多,像你开始谈到的词与物的关系,与西方的谈论很不一样;而我们的诗也既非沿袭传统又非复制西方,这是新的知识,他们必须得学。不学习,他们自己就应付不了诗的挑战!

阿:一开始你问道为什么住在欧洲,我想,我并不把欧洲仅仅当作欧洲。欧洲的观念,与阿拉伯、中国、别的地方并无不同。欧洲是一个承载这个观念的"机构"。一个欧洲人的机构,同样也是我的。欧洲文化,它的哲学、社会学、意识形态是一回事,民主制度是另一回事。我可以反对欧洲政治,同时也反对我们自己的政治。

杨:我不得不说,远离中国使我更深地理解了中国、以及中文。我33岁离开中国时,一句英文也不会说。是这些年对英文的了解,让我在比较中意识到了中文的特性,它独特的局限和可能。这不仅有助于我新的创作,甚至使我理解了自己以前的作品。比如我出国前写的长诗《🎵》(Yi)中有一组诗"与死亡对称",可以称为我为自己重写的中国历史。在诗中,我把对历史人物的叙述、当代抒情诗、和对古典作品的摘引直接拼贴到一起，三个层次的语言却又浑然一体。我之所以能这样做，正是由于中文的动词没有时态变化。一个共时的动词"粘合"起过去、现在、未来，把一个人物变成了一个"处境"。我不能设想，如果我用有时态变化的英文来写，会有什么结果？三个层次的语言会不会七零八落？可是，我是在出国后才理解到这一点的。

阿：我很能体会你的感觉。我也是到西方之后，才对我的处境、对阿拉伯文化的处境理解的更清楚的。这也包括对差不多所有其他的事情。在里面，你看的是别处和别人；从外面，你看的是自己的内心。

杨：中国古老的说法：你看不见山，"只缘身在此山中。"

阿：哦，很美，很美。但情况也有不同，许多诗人感受不到这种变化。比如一些伊拉克诗人，在国内和流亡在外时，写的是没有区别。为什么你住在英国、美国、或欧洲，但写法却和在巴格达时一模一样？为什么？在作品中不能体现这个距离？我不知为什么。也许因为意识形态的作用。意识形态在伦敦就像在巴格达，没有不同。

杨：意识形态阻断新的生存经验。

阿：正是如此。所以看到许多"流亡诗歌"就像在巴格达写的。

杨：对于我，一个诗人最重要的，就是把经验转化为创作的能力。不仅是"为什么转化"——你换了几个住址等等——更是"怎么转化"？你有没有能力，从新的生存状态中创造出新的写作方式？是方式，而不止是变换着题目的同一首诗。这就是说，你有没有能力发展自己？衡量作家质地的标准之一，就是看他/她能否创造出几个不同的写作阶段。如果一个诗人现在写的诗和二十、三十年前一样，为什么还要写？你早写完了！

什么是诗歌精神？

——阿多尼斯中译诗选

什么是诗歌精神？当我想到这个句子，自己都哑然失笑。在号称后现代的今天，谁敢这样提问呢？对于习惯肢解诗歌器官的学者，这个问题太笼统了。对于热衷以小圈子划分地盘的诗人团伙，这个问题太宽泛了。简单地说，它太"大"了，大得容不下流行的诗歌分类学。这个问题，不是要在一首诗里翻读出一段时间、一种观念、一个流派。恰恰相反，它之提出，正在于真正的诗人对任何分类法发自内心的不信任。

或许，发明"诗"——"寺中之言"——这个汉字的人，也已一举造就了我们的命运：像一名巫师，从混沌中发掘万物的关联，又在关联中醒悟真谛。我们知道，确实存在某种贯穿了所有诗歌的东西。每当我们调动生命的全部能量，聚焦于一个句子，就通过写，在贴近它、确认它。我们知道，自己有朝一日也将整个融入它。这是为什么，我写得越多、越久，离所谓"当代"越遥远，却感到屈原、杜甫日益亲近；同时，也对是否"中国"逾不在意，因为诗歌比国界、语种深远得多，它的精神血缘，毫无障碍地流注于不同语言之间，构成一个只有诗人能被允许进入的国度。和《离骚》的纵横神话、历史、现实、自我比，和《神曲》的穿透地狱、净界、天堂比，"诗歌精神"一词太大了吗？或相反，远远不够？对那个潜藏于诗人心底、不停向地平线驱逐我们、同时保持着最高沉默的"剥离了神灵的神秘主义"（阿多尼斯语），我仍在像老子一样"强名之"。当这个寒冷的冬日下午，我在伦敦寓所近旁的公园散步，心中沉吟着电话里那个声音，阿多尼斯请我为他的中译诗选写一篇序言。

诗人相遇，总是既偶然又必然。我之认可阿多尼斯是一位朋友，绝非因为他被称为当代阿拉伯语诗歌的代表人物。基于中文的经验，我们已经很了解，所谓"代表"能误会得多远。和阿多尼斯交往，一言以蔽之，有种精神上的全面满足。两个诗人，跨越地域、年龄、语言、文化，那思想上的充分契合，唯一用得上的形容词是：美。不仅仅是巧合吧，"阿多尼斯"在希腊神话里，恰恰是令维娜斯神魂颠倒的美少年。

我和阿多尼斯的第一次见面，是在 2002 年 8 月首届约旦国际诗歌节上。谁能拒绝这样的诱惑呢？在"9.11"之后，到死海边那个火药库一样的地点，探访世界上最古

老、却也最陌生的文化传统之一，让抽紧的神经因为神秘
而加倍兴奋！事实也不让人失望：死海上的载沉载浮，
"摩西谷"讲述的圣经故事，古罗马大理石的废墟，阿拉
伯市场的五光十色，沙漠明月下激情迸溅的贝都因民
歌……可惜，这类异国情调，对于背后站着中文背景的
我，有趣但是不够。我并非仅仅到此旅游而来，正像我不
希望外国诗人只把对我作品的理解，停留在文化观光层次
上一样。再借用屈原，我想接触当代阿拉伯诗歌的"内
美"。特别是，在中东纠缠成死结的现实处境下，一位阿
拉伯诗人怎样做到精神上充分独立、同时艺术上自觉保持
丰富？就是说，拒绝被无论什么原因简单化。这与其说在
问别人，不如说干脆就在问我自己。这问题压根就是"中
国的"，没有那些中文语境中痛苦的记忆，我也不必寻找
它山之石。更进一步，这问题不仅是文学的，更是思想
的。它不容忍取巧和回避，而直接检测一位诗人的精神质
地。你如果没深思在先，对不起，就没法掩饰头脑中那片
触目的空白！怀着这个隐秘的愿望，我在约旦见到了阿多
尼斯。我至今记得，在安曼侯赛因国王中心的诗歌节开幕
式上，老诗人端坐于一张阿拉伯地毯(是飞毯吗？)，吟诵
之声低昂苍凉，缓缓流出。周围上千听众屏息凝神。那张
音乐的飞毯，托起所有人，包括我这个此前和阿拉伯文无
缘的中国"鬼佬"，上升，平移，逾越黄沙碧海。后来，
我了解到，阿多尼斯那一晚朗诵的是一首关于纽约的
长诗。

我和阿多尼斯在约旦做的对话《诗歌将拯救我们》①，堪称当代汉语诗人和当代阿拉伯诗人的首次思想相遇。我说"诗人"，而没说"诗歌"，是因为对我来说，那篇对话不期而然凸显出的，与其说是诗歌状况，不如说是两个相距遥远的文化中，独立思想者相似得令人瞠目的处境：我们和自己语言、文化的紧张关系，我们被外部世界简单化的遭遇，更重要的是，我们选择的极为相似的应对立场。这里的"首次"，指的是我们终于摆脱欧美媒体的转手，而第一次由两个诗人面对面、心对心地直接交流，在貌似轻松顽皮的语调中，带出心里深厚的沉积。我无意在此复述整篇对话，但只要稍事梳理话题的线索，读者就不难感到这短短几千字的份量。我们的对话从语言之思开始，阿拉伯语对事物观察的方式，翻译成中文简直就是"意象"和"比兴"。语言不直接谈论现实乃是因为其实没有"现实"，因此，语言本身即是全部隐喻。

中文和阿拉伯文的独特性，带来各自文化转型中的复杂性，但这复杂常常被外部世界简单化——在阿拉伯语境中是被巴以冲突、在中文语境中是被意识形态——简单化为拥护或打倒，取消诗歌内在的丰富，迫使它沦为宣传。这是另一种诗歌的商品化。真正的诗人必须对此充满警觉，同时，对自己的文化保持自觉，包括通过明晰的批判

---

① 《诗歌将拯救我们》：发表于《书城》杂志 2003 年第 10 期。

去更新它。具体地说，既不借流行的政治口号贩卖自己，又坚持自己对现实的明确态度。各种权力体制同样在假文化之名扼杀独立思维，而反抗这种扼杀，使诗与人本质合一。与阿拉伯环境相比，中国诗人面对现实的内心抉择就轻松太多了，毕竟"冷战"的结论已是事实，但请想象，一个诗人要有多大勇气，才敢对拥有亿万追随者的宗教神本主义的思想控制说"不"，那声音和黑暗的无边无际相比多么微弱！这样的诗人必定是流亡者，但他的"流亡"一词，被赋予了主动的、积极的含义，那其实是创造性的自我本来的精神定义。也因此，"孤独"成了"独立"的同义词。"距离"提供了反思自己母语和文化的能力。生存挑战的急迫，反证出诗歌对存在的意义。它决不只是装饰品，它是每个诗人最后的安身立命之所，而且，仍是我们古老文化的鲜活的能源。归结到底，人性之美蕴含了诗歌之美。这美丽不依赖外在时间。诗歌本身就是时间。它终将安顿我们，尽管历尽劫难。

　　那么，什么是诗歌精神？答案是否已隐含在这里了？那就是：以"诗歌"一词命名的、持续激活诗人的精神。当阿多尼斯在《谈诗歌》中开宗明义："我的作品力求超越细节抵达整体，同时揭示有形与无形的事物"，他其实在要求，我们应该从他的诗作里，读出无数本互相关联在一起的书。语言学的，文学的，文化的，历史的，现实的，政治的，天文地理的，甚至爱情和色情的。一句话：整个生活。这种视野，让我直接想到屈原的《天问》，"曰邃古之初，谁传道之？"一句话已把质疑定在了创世纪的起点，而一个"曰"字，又圈定了人在语言中的先天局限。我也想起初次读到叶芝《幻象》时的震撼，它让我懂得：得有一个多么深邃宏富的精神宇宙，才支撑得起一首诗的寥寥数语！说到底，诗歌就是思想。虽然，那不等于逻辑化的枯燥陈述。我在别处说过，谁要做一个当代中国艺术家，她/他必须是一个大思想家，小一点儿都不行。因为我们的历史资源太丰富、文化困境太深刻、现实冲突太激烈，对自我的提问太幽暗曲折，仅仅一个汉字的迷宫就满布陷阱，要想"自觉"，谈何容易！我还没读过阿多尼斯的四大卷哲学与文化巨著《稳定与变化》，但，他的主题直逼核心：阿拉伯世界的时间观如何以巨石般的稳定，压倒了变化的可能。这简直就在对中国诗人说话：文革后，当我们睁开眼睛，与其说看见了"时间的痛苦"，毋宁说根本就是"没有时间的痛苦"。所谓怪圈，究竟有没有"圈"？或干脆原地未动？那么，看起来灯红酒绿的现在呢？这个"有形"背后是何种"无形"？一本本书深处潜藏的"原版"是什么？历史活着、疼痛、困惑、终至肯定，真正的文学，哪有不"宏大"的叙事？

一个问题中的问题：我们还有向自己提问的能力吗？没办法，诗歌精神就是把每首诗变成《天问》，变成史诗。命定如此，否则什么都不是。

阿多尼斯对我说："我最重要的作品是长诗。"这又心有灵犀了。长，不是为长而长，那是诗意深度对形式的选择。长诗之美，正在他强调的"整体"。犹如群山中有流云、有瀑布、有密林，你能贴近去欣赏每片叶子的美，但没有一个局部能代替整体。长诗要求诗人拥有如下能力：完整地把握经验，提取哲学意识，建构语言空间，最终一切统合于音乐想象力。用阿多尼斯的话："它的各个层面都是开放的"，就是说，它必是一件语言的观念艺术，且让每个细部充满实验性。一次，我开玩笑说：我们得小心区别"玩意儿"和"镇国之宝"。一位当代阿拉伯或中国的诗人，绝不应仅仅满足当一位首饰匠，靠装配几个漂亮句子取乐。诗歌是有"第一义"的，那就是修炼出纯正灵魂的人，香草美人(阿多尼斯?)之人。听其言，阅其文，如聆仙乐，汩汩灌来。此中精彩，岂止是肤浅的雕琢能够胜任的？我们该写值得一写的诗，"配得上"这动荡时代的诗。在我与阿多尼斯之间，哪有"文化的冲突"？离开了冷战的或阿拉伯——西方式的群体对抗模式，我们把公约数定在"个人的美学反抗"上，这被分享的诗意，荡漾在比语言更深的地方。各种各样的全球化之间，至少这种全球化是我向往的：诗歌精神的全球化。当一位美国诗人和一位伊拉克诗人一起朗诵，你会发现：他们的作品多么像。同理，让阿多尼斯和我最愉快的，莫过于能从对方的字里行间读出"我自己"：不安，震荡，追寻，超越。永远出发，却永无抵达。一次次濒临"从岸边眺望自己出海之处"①，把所有旅行都纳入一个内在的旅程，去书写一生那部长诗。

诗歌精神的语法，贯穿在这部小书之内，通透璀璨。它，是我们唯一的母语。

伦敦，2009 年 1 月 6 日

---

①　引自杨炼组诗《大海停止之处》。

再谈"主动的他者"

——与阿多尼斯笔谈

1. 阿多尼斯先生与杨炼先生的经历有些相似，都常穿梭于欧洲与祖国、东方与西方文化之间。长期旅居欧洲的离散经验对诗歌创作产生了怎样的影响？

杨：我刚刚完成的一篇文章，题目就是《作一个主动的"他者"》。这个题目和一个很重要的问题相关：今天世界上，什么不是"他者"？谁不生存在重重"他者"之间？对中国人而言，西方当然是一个"他者"，但古典中国文化又何尝不是另一个"他者"？我们中，有哪个敢称自己为一个"传统的中国人"呢？甚至貌似熟悉的汉字，其实也早已在大量外来翻译词掺杂中，变成了一种比美国英语还年轻的语言(我曾戏称：最年轻的"古老"语言)！这是我们的困境，更是我们的能量。全方位的"他者"，让我们没法因袭任何一方，只剩建立自觉一途。其实，我或许

曾离散于中国,但从未离散于中文。对中文,我的态度一
以贯之:既内又外。因为"内",而始终铆定在这个文化
活跃的核心;因为"外",而对它保持冷静的审视和评判。
欧洲与祖国、东方与西方,只是些旅游意义的名词。对一
个"主动的他者"来说,他必须在每个地点看到思想的意
义。就像阿多尼斯和我谈到的,我们要清醒地解剖自己的
文化,同时清醒地抗拒整个空话、假话的世界。这才是真
正的思想独立。在诗歌写作上,这里也有微妙的挑战:如
何保持文学的纯粹,拒绝任何一种简单化、工具化?这对
阿多尼斯和我,意味着拒绝把自己卖给一个"套话市场"。
主动的他者,归根结底返回了诗歌骄傲的天性。这方面,
我很高兴能找到阿多尼斯这样一位精神血缘上的前辈。

　　阿:也许,我尊贵的朋友杨炼在欧洲之所见与我之所
见略有不同。我们每个人都从不同的历史背景、带着各自
的记忆和关系来到欧洲。

　　对于我们各自而言,总体上,我们面临的是同一个
"他者"。但这个"他者"又是多重的,这取决于个人的反
应,取决于他的文化背景,在世界的呈现,以及他对生活
和人的理解。

　　对我来说,在巴黎定居代表了一种文化氛围,这是我
的祖国所匮缺的知识、感悟和开放的氛围,一种兰波称之
为"自由的自由"的氛围。在此,我感到自己离世界的
"心脏"很近,即使不是置身其中、随之搏动的话。这种
氛围使我不停地、清醒地面临双重挑战:就人的诸多问题

挑战阿拉伯语，就我们阿拉伯历史、阿拉伯现状挑战我的创作能力与观念。这与通常意义上的"东方"或"西方"无关，正如杨炼所言，这些概念不过是旅游意义的名词，而且它们还具有军事、经济层面的意义。然而，在创作上，既没有"东方"也没有"西方"，有的只是同样的世界，同一个人。

我设想：假如我不曾旅居西方，那我就不会写出现在的这些作品；或者，起码我的写作方式会有所不同。

如果说，通过书本和理论认识西方，能丰富非西方人的"文化"；那么，通过生活和经历认识西方，可以置身于活生生的西方体验之中。这种体验，能让人进入西方的"未知"，而仅凭文化，我们无法进入其中窥其堂奥。这种体验代表的认识方法，意味着一种更深刻、更丰富、更微妙的交流。

杨：我很喜欢阿老这"同一个他者"的说法。我对此的理解是，所有异在因素，其实都在我们的"自我"之内。"自我"因吸收、比较、思考差异，而不停丰富。"同一个他者"，正是这个活生生的的自我。

2. 生活在欧洲语言文化环境里，诗歌创作是否会融入西方语言的元素？作品是否会体现出母语与西语之间的张力？在诗歌意象上，母语传统与西方艺术想像力之间的差异，是否会让作品更有原创性？

杨：这个问题，正衔接上了阿老对欧洲的看法。对我来说，欧洲"不止意味着语言，它更是一个不停进行创造性转型的文化。对于中国诗人，这是就近对比自身文化的绝佳机会。我很享受这里的区别和距离，它们激起的，与其说的排斥力，不如说是聚合力。就像我刚刚出版的英译诗集《李河谷的诗》，你可以说那是我的"伦敦诗"，但，比伦敦更重要的是"我的"这个词：我的观察、感受、思考、表达，终于伦敦被包含在"我"之内。"雁叫的时候我醒着　雁在/万里之外叫　黑暗在一夜的漩涡中/如此清越"（《旅程》）。这里的张力，通过"雁"连接起中文古典、中文当代、欧洲特别是英语诗歌传统，但又有别于所有那些。李白哀恸的"雁引愁心去"，化为我表现主义式的冷冷的"醒"。我不用"融入"这个词。我们的中文早已是混血的。我喜欢说"自觉"，自觉激活不同美学传统、使之共同形成我作品内的深度。这样的原创性犹如混血儿，令他的父母们加倍惊喜！

不仅母语传统的想象力，甚至汉字本身的特性、中文独特的语法关系，都蕴含着太多宝藏，还远没被我们充分意识到。比如中文动词的不随人称、时态变格，使句子有种宿命式的恒定，是否已注定了我那些潜入历史"怪圈"（或压根没有"圈"）的作品？最相反的例子来自阿拉伯语。当阿拉伯译者问我："你诗中的'你'，该翻译成男性词还是女性词？"我吓了一跳！连英语里的"你"也没有性别呢，原来阿拉伯语里每个人称都有独特对应的动词形式！只写下动词，谁在动就清清楚楚。这语言是不是先天备好为阿多尼斯铭刻"自我"的？想到他在阿拉伯语和法语两大传统间的位置，我简直觉得这里有种命定的关联。

阿：狭义概念的欧洲语言元素，并未进入我的创作，但我确曾受到欧洲诗歌结构元素的影响。这加深了我对阿拉伯诗学的一种认识：高妙的诗歌语言，与高妙的思想语言不可分离，伟大的诗歌注定是另一种形式的思想，而伟大的思想也必定是另一种形式的诗歌。

我的创作——尤其是诗歌翻译方面的——经验和实践向我揭示了阿拉伯语的特点。它是一种隐喻和想象力的语言，相比较而言，法语更是一种逻辑和理性的语言。因此，我经常鼓励我的译者大胆地挑战语言，让译文的语言富有隐喻和想象力，或者说，为译文注入一点"疯狂的能量"。

东西方的人们在思想方面有可能达成一致。差异在于语言。身份体现为差异。这是否意味着我们只能翻译表面的语言结构，而无法译出身份？不过，这是极为复杂的另一个问题了。

3. **阿多尼斯先生在法国，杨炼先生在英国，你们与当地主流文学圈有广泛的对话吗？对法国、英国诗歌创作的现状有何看法？**

杨：我不喜欢"主流"这类说法。我在全世界都一样，只和我喜欢的诗人交往，英国也不例外。到目前为止，我已经出版了十三本英译诗集（诗选），其中，观念性、实验性极强者如长诗《同心圆》，形式要求严格者如《艳诗》，这构成了诗人切磋的基础。英国有从中文古典诗歌汲取灵感的深刻传统。阿瑟·威利以译文流畅见长，更有敢想敢干的大诗人庞德，他的"意象"之说，不仅改变了整个现代英诗的语感，捎带也"发明"了当代中文诗人们的安身立命之所。不过，同样普遍的是，正在创作的诗人最有活力。我和当代活跃的英国诗人如威廉姆·赫伯特、帕斯卡尔·帕蒂、罗伯特·米黑尼克、费奥娜·萨普森、波丽·克拉克、唐·帕特森等广有交流，那不是泛泛的酒肉之交，而是潜入诗歌深处的精神交往。例如，《李河谷的诗》中，一半作品由我和这些不懂中文的英国诗人共同翻译，某种意义上，翻译过程中讨论的语言、文化、生活、历史等深层内容，甚至比"译诗"更有意义！你要了解一个外语诗人，没有比坐下来、翻译几首她/他的诗更好的方式了。因此，我也通过翻译他们的作品，时时给当代英国诗歌创作"把脉"。或许你听说过"黄山诗歌节"？那是首次仅在中、英两个语种间举行的诗歌节，就为追求交流的深度。再一次，"诗人对译"是交流的地基。三千年时间里持续转型的中文诗，和空间上涵盖英国、美国、新西兰、尼日利亚不同文化背景的英语诗直接对话。你想象得到汉语诗的声调，比较非洲口头文学的音乐性时，有多么精妙迷人吗？

　　但我也不得不承认，与叶芝、艾略特、庞德那一代大

阿多尼斯，杨炼

家比，当代英语诗让我获得的满足感有限。简单地说，"小精品"不少，开创性的大作罕见。究其原因，我认为不在诗歌本身，还在思想文化根源上。这个时代，"思想危机"远甚于经济危机，而西方(姑且借用这个总称)诗人对此缺乏锥心之痛。某种意义上，大战的血腥、专制的残酷、宗教的强权，是些"可见的"灾祸。但冷战后全球系统完备的实用和虚伪，像最糟的流感，传染给每个人无力和无奈。我们有思想吗？文学有意义吗？甚至无关痛痒的"诗歌"，也能变成空话世界的无聊装饰。在"政治正确的"、"有思想的"西方，这提问来得更刺眼。归根结底，这是"人"的问题。人之不存，诗将焉附？

阿：我不能说我真正了解英语诗歌，因为我读的只是译成法语的英诗。但是我了解法国诗歌，尤其是法国诗歌的巅峰之作。对这些法语诗，我推崇倍至，我曾经、并且依然受其影响。

当今的诗歌呈现出多种风格。有些诗受美国诗歌语言的影响，注重描摹、记述日常生活，这类诗不能吸引我，因为它在某种程度上，只是对现实的再生产。还有一些诗，理性色彩很浓，也有艺术性，但不能吸引。最后一类诗体现了空间和迁徙的诗学，富有想象力，具有口语化特征，讴歌身体及其在恋爱中的存在。我关注此类诗歌，对它情有独钟。

4. 阿多尼斯先生一直主张理性、民主的原则，对阿拉伯国家保守、因循的文化现状持强烈的批判态度。杨炼先生也一贯坚持鲜明的启蒙立场。在全球化时代,特别是"9.11"之后,批评阿拉伯世界已成为西方主流话语,两位诗人游走于两个不同的世界之间,如何坚守诗人对所处世界的批评立场——既批评母语文化的保守与落后,又反思西方文化霸权?对两个世界的批判尺度如何把握?

杨:匮乏个人创造性的传统,不配被称为"传统",充其量只是一个冗长的"过去"。当代中文文学的能量,来自80年代以来个人对传统的深刻反思——"发出自己的天问"。这向内质疑的深度,让我们也能读懂其他文化中的特立独行者。阿多尼斯之令我感动,正在于此。而且,他批判的是神本主义精神控制,比起能"过时"的政治,看到改变的希望渺茫多了。作"主动的他者"肯定孤独:对内,他动摇权力和制度的基础,也不投机民族情绪;对外,又匡正各种"简单化",从用意识形态话语裁判一切,到"文化的冲突"式的居高临下。但我们必须保持这双向的锋利。今天这世界,少了些冷战说辞,却多了纯利益这面镜子。透过全球化市场涂抹到中国廉价劳力身上的灯红酒绿,过去半个多世纪现实、历史、传统和语言的裂痕,依然清晰可辨。"9.11"之后,不是"文化的冲突",而是没"文化"也不再有任何冲突。哪有"两个世界"?眼前只剩一个世界:金钱能收买一切,包括最华丽的词藻和最难堪的自相矛盾。我们生活在一个词、义彻底

分裂的时代，你什么都能说，却什么都不意味！这不止是
"中国问题"或"阿拉伯问题"，这是人性的普遍绝境。那
怎么办？作为诗人，我觉得还要恪守一种真诚的、质朴
的、美的感受力，不盲从任何官方或流行的说辞，却抓紧
自己纯然的感受，从中提炼出对一切的判断。自私和玩世
不恭的全球化之外，还应有诗和思想的"全球化"。无论
多么无望，每个个人仍坚持"说出"自己的想法。这又让
我想到阿多尼斯反思阿拉伯文化的论著《稳定与变化》，那
最终丰富了"这个"阿拉伯人的思想，从而熔铸成他诗作
的底蕴。只要心地纯净，"传统"就不会被毁掉，终于获
益的正是诗。

　　阿：我完全赞同杨炼对传统、对传统与创作关系的理
解。这种双重批判极为必要，这是由自我与其历史的关
系、自我与他者的关系决定的。

　　阿拉伯文化的主流观点视传统为一种"遗传"，由前
人遗传给后人。因此，传统就是身份，似乎身份早已预设
好，子孙可从父辈那里信手拈来。这种理解，是对创造的
传统、对身份的意义原始而幼稚的理解。一切创造性的传
统，首先意味着未来，或者是现时之初。因此，身份只是
在原始、本能的层面上，才意味着"遗产"或"过去"。
在创造、人文的层面上（人恰恰在这一层面上不同于其它
生物），身份就是不停地创造。人在创造思想和作品的同
时，也创造了自己的身份。

　　正如杨炼所言，"过去"或"传统"，应该是创新者反

思和质疑的对象，而不是传承、保存和重复的对象。这种观点，常常与机构和权势的文化背道而驰，在阿拉伯伊斯兰社会，它也一直是争议和分歧所在，因为宗教观念和准宗教观念一向支配着这些社会的文化和政治。在这里，创新意味着冒险，面临着重重困难乃至危险。在这里，批判和创新一样，具有存在意义上的必要性。创新本身便是一种最高形式的批判。

以上有关对"自我"的批判。

对"他者"的批判，则是对"自我"批判的必要补充。何况这一"他者"，在其政治、军事、经济层面，往往与机构和权势结伴，而与"自我"为敌。这一"他者"是按照某些谋略思想、行动的，此类谋略不仅要遮蔽"自我"，还要消解、歪曲、摧毁这一"自我"。

5. 阿拉伯与中国都有悠久灿烂的历史，两位诗人对自己的文化传统感情很深，从母语文化中汲取营养，有很高的文学造诣。但身处异域，从外面观察母语文学的发展，批评地介入又保持着距离，这种游离状态是理想的、还是无奈的创作环境？

杨：我有一句诗"距离创造几何学"，是我在西西里岛上的锡拉库札，远眺古战场时的感受。几何学是对形状的把握，这也适用于一个文化。我说过：我从未流散于中文。但什么是"中文"？我们每天醒来说话，是否就等于理解这个语言？包括其精彩和缺陷，特别是对敞开人类思想可能具有的意义？汉字、中文书写和古典杰作中的大部分蕴含还没"出土"，这造成了我们当代文学的贫瘠。无论出国的原因为何，我觉得，我现在像站在中文船桅上的一个瞭望水手，从周围海岛、海流、甚至星座移动中，报告自己这条船的位置。请注意，我就在这条船上！是既内又外(并非仅仅"从外面")地在创造与自身的思想对话。

我的一部部作品，无论在哪儿写成，要等待多久才用母语出版，都在加入这个地貌的演化。同时，思想上的距离远比地理上的距离重要，正是它的审视，能给风景一个几何学的深度。我以为这个状态很理想，不是因为它"游离"，而是因为它根本没有游离。相反，距离在帮我更自觉、更有机地深入！要是你问：没身在国外怎么办？我答：好办。那就在你自己之内，去发明那个大海！

阿：就我而言，我遭遇过很多困难。困难不仅来自政治权力，也不仅来自宗教权力，还来自某些阿拉伯传媒的权力，来自一些代表权力的作家。

但是我也有许多朋友，他们的友谊赋予我极大的力量。正是借助这种力量，我得以锲而不舍，持守我视为自己权利和义务的立场。

6. 阿多尼斯先生与美国学者爱德华·赛义德曾是好友，你们两人对西方和阿拉伯世界的批评向度很不同。阿多尼斯先生认为赛义德对阿拉伯文化的了解不够，甚至有曲解，才使得他误用东方主义的概念。请问后殖民理论对今天全球化时代有怎样的意义，对阿拉伯世界是否会产生负面影响？杨炼先生知道后殖民理论曾在中国学术界影响广泛，您如何评价中国知识分子对后殖民理论的接受？

阿：爱德华·萨义德是我尊敬的朋友，但我并不赞同他的"东方主义"理论，因为其中颇多含混之处，并有以偏概全之嫌；他的分析尽管精彩，却也时常带有政治上的先入之见，值得我们认真商榷、探究。

然而，他的理论引发了极大震动，使得重新从根本上全面审视东方学成为必要。

杨：根本来说，我很反对用"东方"或"西方"这种全称来讨论问题。这同样是简单化。很容易把一个文化（一个人）的内部难题，推脱给外来因素。事实上，个性和独立是普世价值，是每个文化再生的基因（想想老子、孔子们多么坚持"自我"吧）。因此，我很赞同阿多尼斯要求的对自身文化理解的"深"，只有如此，才能找到文化转型的内在动力。而中国知识分子对后殖民理论的倾慕，犹如他们对每个"新潮"说法的追随。船没下锚，只有随波逐流，本质上是缺乏自信和评判能力。你说今天的"中国"，究竟是中是西？或非中非西？甚至中西劣质混合？真正的问题，不是要中还是要西？而是要什么？怎么要？每个人身上都有东、西方，都是一个文化组合的"个案"，能否形成良性组合？就像 20 世纪初，胡适、蔡元培、陈寅恪等思想大家做过的？这，端看你自身。

7. 后现代文学批评对文学生态产生了怎样的影响？

杨：用这"代"那"代"划分时间段，已经在以西方文化史为坐标。但问题是，"后后"之后，文学还是文学。人生和文学之间，还得有深刻的关系。"文学就是人学"，永不过时。我最不喜欢的，是"后现代"反深度的提法，那破坏了文学的根本，而使它流于恶俗的游戏。作家玩政治、玩艺术、玩市场，左右逢(财)源，唯一的天才是舞蹈的身段。可作品是骗不了人的，内容的油滑虚假、形式的粗陋低级，半目了然。靠什么"代"也无法自圆其说。我以为，中国文化转型确实堪称史诗性，那是原版的"宏大叙事"，渗透了生活的每根毛细血管。这里，"深度就是一切"。处在古今中外的"他者"之间，我们的提问，没有任何现成的答案。因此，必须"个人为体，古今中外为用"，跨时空地组合一切思想、美学资源。在这点上，中文文学是先天反线性叙述的。但它这"共时"态度，不背离深度，恰恰抵达了深度。在一个思想遭到贬低的贫瘠时代，这，也许正是来自中文的启示。

阿：我赞同杨炼对后现代理论的看法，我同样强调：创作不应用阶段来评判。无论是"现代"还是"后现代"，都应用创作来评判，而不是相反。

创作只有在开放的、不衰竭的创造力中才获得价值。

阿拉伯大诗人阿多尼斯致授奖辞

为创作冠上"现代"、"后现代"之名，只能赋予其时间意义，而创作是超越作品诞生的时间的。"现代"和"后现代"只是缀饰词，其本身并非价值。有些文学虽被冠上"现代"之名却毫无价值，一些当代作品以"后现代"的名义书写，同样毫无价值。这种评论将创作简单化地分门别类，只能说明自身的简单。艺术作品的价值不在于是否代表了"现代"或"后现代"，而在于它是否卓越。诗歌是一种涌流，古往今来的一切作品，既各不相同，又和谐为一，最终都汇聚成创造的汪洋，宇宙的交响。

8. 人文传统和启蒙思想在今天的消费时代还有意义吗?

杨：什么时代不是消费时代？这就像问：哪里没有对独立思考的压制？有意义的问题该是：你自己如何应对那压制？在阿多尼斯身上，我看到一种经典知识分子的范式：坚持在无论多混淆的环境中清醒地思想并言说。因为，无论我们身处何地，这就是那个"从岸边眺望自己出海之处"（《大海停止之处》）。我们的旅途从不是朝向别人，而是在开拓自我。苏珊·桑塔格同样，"9.11"后为不流俗的自我反省，不惜变成美国"公敌"。如果问，这个"消费时代"有什么与众不同？那就是它除了消费物质、更消费掉人的精神，由此直接把人变成物。"思想危机"最鲜明的标志，就是"无思想"变成全球唯一的硬通货。

我曾用"噩梦的灵感",形容中国文学的回环曲折。现在,没有冷战意识形态的对立公式可套用,没有种族、文化的群体幻象可依托,但诗人的专业不会变,他仍是那个"提问者"。诗呢? 它本身就是人文和启蒙的同义词。现实越躁动、越令人眼花缭乱,越在反衬每写下一行诗时的沉静。我刚出版的文集,题为《一座向下修建的塔》。为什么"向下"? 因为诗歌不仅建在现成的地基上,更创造那地基。诗不止是文化的根,它是人性的根。赖此,我们方能找到"个人美学反抗"的支点,并很清醒地宣称:"没有天堂,但必须反抗每一个地狱"。在今天,坚持这精神有意义吗? 最好反问吧: 缺了这精神,整个人类还有意义吗?

阿: 沉溺于消费,是不同时代皆有的现象,不过在程度上有所差异。消费,历来是一种缠人不休的欲望。

之所以在程度上有所差异,是因为当代科技的发展,造成作为消费者的人消费其自身。今天的消费品主宰着消费者,因为人几乎异化为生产机器的奴隶,异化为自己手中产品的奴隶。

人如何将身体和头脑从双手中、从产品中解放出来? 人如何解放既是消费者又成了消费品的身体? 如何解放已经功能化、机械化的头脑? 这是我们今天面临的问题。

9. 资本与消费对文学作品的生产和流通产生了怎样的影响? 这对你们创作中的人文理想是否有所冲击?

杨：诗人很幸运，因为诗歌先天"开除"了这类问题。

阿：我认为资本和消费对文学是有影响的。因为阅读不再具有创造性，而是成了另一种消费。思索、冥想、探询、质疑都被消费掉了。阅读变成了快速进食快餐的过程。因而，创作在横向上变得萎缩了。不过，创作在表面损失的，又在纵深得到了补偿。譬如，当今的诗歌读者，比昨天的读者更加深刻。读者也是创造者。

关晶晶 作品,《无题08-09》

南非：

与沈庭博对话

诗歌是我们唯一的母语

诗歌是我们唯一的母语

——与汴庭博对话

杨： 今天，我们在德国柏林"Lettre—Ulysess"国际报道文学奖的发奖活动中见面，这很有意义和意思。两位诗人，一位来自南非，曾经因为"违抗"南非前政权的种族主义规定而在那里坐了七年半监狱，被国际社会营救出国后，几十年来坚持高水平的文学创作，辅以丰富多彩的文学活动，而享誉国际。另一位来自中国，从属于文革中开始写作的一代。相对于充斥中国和中文数十年的政治宣传，这也是当代中国文学重返"文学"的第一代。整个80年代，中国文学可以用"噩梦的灵感"一词来概括。一边是政治现实的不停挤压，另一边是在文学语言中确立独立自我的努力，使我们的诗一点也不"朦胧"，反而显示出严肃文学本来应有的深度。你我的生活经历中，都布满了"地下"、"流亡"这些称号，但"称号"是一回事，它们和写作有没有关系、有什么关系是另一回事。被当作"头衔"使用的政治经历，经常成为文学质量贫弱的托词，好像有了它们，文学就有了被简单化的理由。但在我看来，情况可能正相反，我们的出身，其实令我们的文学层次加倍复杂：诗人的感受应该和社会现实血肉相连；诗歌作品又必须经得住文学史质量标准的检验；最终，这些作品是从文学立场上关注——进入现实，而非掉头而去。这样的作品面临的困难，是无论仅仅从政治或从文学角度考察它都远远不够。它几乎先天是孤独的。不过，我们坐在这里已经是一个象征；象征着诗与人之间的关联。诗人参加报道文学的评奖活动——最相反的写作，却找到了最根本的吻合点。借用史蒂文斯的意象，"象牙塔"和"街头破报纸"不仅不抵触，而且还相辅相成，本质合一。这里有种"人的终极诗意"吧？

汴：有件事情让我越来越感兴趣：诗歌的耐久的本性——作为人类表达的最古老的形式，诗歌的指向，总是超出诗人个体。诗歌似乎是唯一实际上从未发生任何变化的艺术形式。在这一点上，它和许多东西拉开了距离。诸如你刚才谈到的诗的作为、目的等等政治用途，甚至诗歌的所谓实验性。在这些表面之下，如果你真地看得够深，看进诗歌的核心形式、以及对诗歌的核心需求，就会发现那从未发生任何改变。我想诗歌本原的用途在于沟通，因此它先天逾越出单独的个体。有时，一些因素比另一些因素更强，例如练习的因素，有时你努力尝试、接近，但仍然充满不可知的恐惧。某些时候，某种情况下，这些节奏、转化会带来力量，另一些时候，信息的转型也回加强写作，但再细细察看，它们又都从来存在那里。我发现很有趣，每个人一生中都写点诗，这看起来是人的核心需要之一：在诗意的形式中，传达自己对周遭世界的某种看法。而到你六、七十岁时，这些诗的大部分还常常被保存着。那提示了某种限制，而我绝不认为"限制"有什么不好。这经常让我回到我称之为的"东方知识"——学习"限制"，而不只是学习"理解"。换个说法，道、佛大师强调传输能量，你必须学习传输的正确形式。如果形式对了、姿势对了，一个人就能成为一种空，一个全方位接收各种信息的容器。当形式在那里，内容就会来到。对我来说，这件事非常重要。贯穿我写诗始终的重要动机之一，就是传输呼吸的形式。我认为，呼吸是意识的核心，具体地说，是呈现为呼吸节奏的意识。诠释这种呼吸的形式、呼吸的单元，就是迫使内容向形式致敬，从而使内容也变得迷人了。

杨：这一部分的内容极为丰富。还是让我们回到你开头所说，事实上，诗歌从未发生变化。记得昨天晚上，我们谈到过我的诗《1989年》，那首诗的最后一行是"这无非是普普通通的一年"。当然，1989年发生的事情，对每个中国人都不普通。那是中国当代史上的重要事件，甚至也已经成为了人类生存的普遍象征。某种意义上，我们始终住在这个数字里。穿透变幻的面貌、名字、日期，抵达我们里面那个没有出路的绝境。这个层次、这个深度，正是

发奖台上：阿多尼斯，杨炼，诺尼诺家族长女安托妮拉

诗歌从来所在之处。对我来说，写诗的动机，一定植根于某种对时间的不信任，犹如越强调1989年的"不普通"越可能在凸现对更多死亡记忆的忽略。我觉得，摘下时间的面具后诗才呈现。或者说，写诗就是摘下时间面具的过程，这个动作本身。当刚才你谈到形式时，我就想到，"形式的深度"该是一个好说法——不是脱离形式、能被抽象谈论的"内容"，而是内在于形式、由形式呈现的精神深度。这里的启示也来自于中国古诗，那些著名的格律诗体，历经诗人千年应用而不变。谁写这个诗体，谁就被这个诗体写下。最终，不是诗人写诗，而似乎是古往今来的同一首"大诗"写下了一代代流逝的诗人。这里，诗的"逾越个体"，是透过中文语言学的性质达到的。中文动词的非时态性，本身就提供了一种可能：用书写的非时间，包含一切诗人的一切时间。在中国古代，孩子们学习背诗的年龄，远远早于他们懂得诗歌的内容。就连我自己，也是从七、八岁起，每天晚饭后被我爸爸攥着背"车辚辚，马萧萧"，那时我恨透了这些不知所云的东西！但后来，当我开始写自己的诗，我突然发现，小时候被播种在我潜意识里的古诗的节奏、强烈的音乐感，都醒来变成了裁判和导师，如果不达到古诗那种能量和美，它们不容我写下任何语句！我一直被那种看不见的力逼迫着，趋向某个极端。这个旅程，既是在深入诗歌，其实同时也在深入人生的经验，名分两者，实则为一。

　　汴：所以有人说，写诗是一辈子的活计。你知道，有

杨炼致受奖词

意思的是我们向中国思维学到了这么多东西，比如诗歌、或哲学、或存在有无的意义。有些更隐秘的东西，人们或许尚未充分领会，例如，这个概念："你说不出新的东西"——一切都已自古存在。（杨：太阳底下无新事）是的，太阳底下无新事。然而，你又得把每天弄得像一个独特的存在。这是一种宇宙和声与你个人之间的平衡，它介于放弃的态度和再次创新之间。归根结底，"存在"并不意味着你无需继续创造。第二点我想也很重要：填充空白的概念。这看上去不直接和写诗相关，但如果你注意中国对诗歌(特别是对绘画)的思考，就会看得很清晰。具体地说，你必须创造出空白，从而使运动能够产生。自边缘上，运动移入。没有那种位于中心的空和接受，填充就不会发生。所以又可以说，运动被空白和"不存在"所创造。第三个概念我也觉得很重要：词作为物，作为意象，作为一种活生生的东西。可能这在中文里比在别的语言里更触目，因为汉字本来就是图形。但它溢出了有趣的想法：诗远不止是写下的词的意义，更是所有那些介于词于词之间的东西，节奏、寂静、色彩、关联等等。最后，我还想提到另一个我们从中国学到的概念(当然，这是我们从外面看到的，不知道在内部是否也是如此)：诗歌是一种"非权力的练习"，而非"权力的练习"。这里有个延续在所有文化和时代中的原因，你不可能通过诗歌攫取权力。写诗，变不成政客。不过，"非权力"的概念十分重要，就像说"非暴力"。我们当然可以用很暴力的方式写诗，在表达上很暴烈、很情绪化，像有些战争诗、反抗诗，但甚或如此，诗也并不提供给你权力。这种"非权力的练习"，实际上比权力更有力。

杨：我觉得，这是一种力量，但不是施加在别人身上的权力。而是一种朝向自己的力——发现自我的能力。虽然中文古典诗歌的形式被使用了上千年，但对于每一个诗人来说，这旅行仍然是独一无二的，仍然在进行新的发现。甚至我们都在用的汉字，它的某些特性，也直到现在才刚刚揭示。可一经揭示，进入了自觉，就对中文诗的当代创作发生了深刻的影响。你刚才谈到汉字的图形，这是构成汉字的第一个层次："视觉性"。但语言又远远超越简单的视觉性。汉字的第二个层次，是它独特的声音/音乐性。汉字声音的存在方式，和欧洲拼音语言根本不同。我的名字杨炼，在英文里是 Yang Lian，你从字面上就可以"看见"它的读音。而在汉字里，这个读音完全隐身在视觉背后，除非你的中文很好，否则很难猜出它来。因此，我把这个"看不见的"声音，成为诗歌"秘密的能量"。第三个层次是汉字的含义，每个汉字是一个独立的意思单元，一个小宇宙。但一首诗的内容和诗意，并非这些单元的简单罗列，它动态地存在于上下文关系里，在字与字之间、甚至背后，完全是一种活的生命。因此，一首中文诗，完全应当被读成三个层次，甚至就是三首诗。我曾经称中文诗之内的这个空间为"智力的空间"，如何有意识在这三个层次上写诗——至少，从这三个层次上思考一首诗的写作？是中文诗歌存在数千年以来，一个完全"当代的"问题。我自己认为，我们和古典之间的"创造性联系"，正应当建立在这个建构"动态空间"自觉上。诗通过其内在包容外在。这里，诗歌的"深度"也出来了，它的限制和超越正是人生处境的最佳隐喻。与此相比，任何宣传企图都是可怕的简单化，因为宣传的单向性与诗歌的多向性先天相悖，因而本质上是"反诗歌"的。我读过你的《间中世界》一文，你在其中也特别用诗歌的内在本性对应于我们漂流其中的世界，强调内在于写作的"存在"之思。另外，通过你自己的大量诗作，我可以很清楚地看到你独特的人生经历，尤其在南非7年半囚徒的经历，但那同样首先呈现为一种语言经验，而非过分简单、率直的政治表达。作为来自中国的诗人，我对此很感兴趣，你怎么面对这类沉重的现实经验而又避免被其局限？怎么处理生活和写作的紧张关系？而始终立足于真正诗歌的世界？

汴：明年(2005年)，南非将出版我的"囚牢诗歌"合集，我的一位朋友正在编辑它们。他告诉我，那本书会非常厚。我简直没意识到，我竟然在监狱里完成了那么多作品！在7年半中，散见于5本不同的诗选，现在被收集在一起。对我来说，诗歌写作帮助人——尽管也许只是下意识地——理解和发现你在世界上的位置。在监狱和囚徒的语境下，使不可接受的变成为可接受的。你通过一种形式转化，把一个现实转成另一套节奏或关注的体系，使之可能被忍受。我真地认为，如果我不能做这件事，如果他们迫使我放弃写，我可能早就疯了。就像有人迫使一只猫没完没了地醒着，直到它发疯。（杨：就像监狱里虐待囚徒的方式）我应该认识到这种虐待也可以施加于我，上天保佑，我简直没想到这一点。不过，他们做的是另一种：我被拘捕后，他们做的第一件事是给我纸和笔，说"写。"我问："写什么？"他们回答："随便写，写你自己的故事。你是谁。"于是我就写了，天上地下等等。写完交上去，他们看过，说"再写一遍。"于是我又写了一遍，再交上去。他们又让我再写一遍，如此 12 个小时、24 个小时、48 个小时等等……（杨：不得不写比不写还可怕！）是啊，在写和无数次重写中，即使是真实的故事，你也开始怀疑：为什么他们不接受？哪儿出了错？我必须继续写下去。因为我试图保护自己、保护我的朋友。（杨：就象中国文革时人们作自我检讨，因为不被接受，事情常常变得极为怪诞：很多莫须有的互相揭发都肇因于此）我记得，一个家伙问我："你是个作家？"我说："是，我是作家。""所以，你知道该写什么，写吧！"（杨：作为惩罚的写作）对，我经历过这个，当然也经历过作为幸存方式的写作。监狱中还有另一个极为重要的经验，那就是，我不被允许连续写作——不能把写作从这一天继续到下一天。这创造出一种很有趣的状况。他们给你几页纸，之后统统拿走。如果你写一首长诗，或一个比较长的故事，你想继续却不能返回去阅读昨天写下的东西。好像人进入了一片怪异的土地，在那里你不能看见自己足迹！那些意象只存在瞬间，之后便永久消失。你不可能站在客观的角度审视自己的变化。（**杨：你无尽地消失**）正是，不像有一面镜子，能让你从外面看自己，你唯一能从内部看自己。从而，你变得更像一种运动体，一条河流。一位叫做伊温·阿拉比赫的 13 世纪阿拉伯哲学家，写过很美的一句话："意识的起源是运动"，精彩吧？（**杨：很美，他一定是道家！**）我的另一位朋友，并不知道那句话但写过一个短篇小说，其中也有一句："爱情即持续移动并弄出噪音。"你可以说爱情就像诗人，移动着并弄出微微的声音，这不是很美吗?!

杨：很美。不过难度也很大，特别当你自己置身其中，而又要以非常诗歌的方式写出生存的经验。

汴：哦，难极了。但另一方面，这有点像一种修道的经验，去体悟细小事物的重要性。我们都做这样的事：经由诗歌去思考。我们"知道"一只小鸟是什么；我们"谈论"天空。但更重要的是，你要处在特定的位置，把一件件东西分别开来，显出非它莫属的特性。是"这只"小鸟，此刻站在你的窗外，正在唱着"这首"歌曲。（**杨：经验像被洗净一样崭新**）完全对。所以，你能在一个糊着蓝色墙纸的牢房里，突然又找到某块红色，探出墙纸斑驳的角落。

杨：你提醒我记起一位中国穆斯林作家。80 年代初他48 岁，却在监狱里度过了 24 年。我们在青海见面时，他描绘过一个场景。牢房漆黑，只有屋顶上一个小洞漏下一道光线，他每天做的，就是用手（**汴：洗！**）不，去试着接住、捧起那束光，感受那小小的光点落到手上的重量。这个"重量"，令我立刻进入他所处的情景，那个激光束丝的一点，把他那双手也变成了我的。这是感觉，但也是思想，一个"在思想深处的感觉"。远比感动更多，它是诗，在具体中占有了普遍。中国当代诗有自己独特的历程，我们在文革中开始写作，整个80年代，写作的动能来自一个追问：什么是文革灾难的原因？究竟谁该对此负责？……但当我们更深思一步，却赫然发现许多相似的噩梦，"怪圈"式地循环在中国历史和传统上。基于儒家理念的政治、文化结构，深深限制了独立人格的形成，以及个人提问的能量。当答案都已被固定，谁还需要问"天"、问"皇帝"、问"自我"？屈原的"天问"（"问天"）精神也就自然难以为继了。这种思维方式，渗透了语言，删除了记忆，把我们推入了"不可能"的绝境。这些构成了我的《1989年》一诗的背景。但，在这里我也发现：正是对"不可能性"的凝视和认识，创造出某种精神的力量。一首诗、甚至一行诗，就是一个"与死亡对称"的世界。诗歌语言的力度，对称于死亡现实的深度。这给出一个内在的理由，使我们的生活里，诗歌变得如此必要。

　　汴：诗歌是死亡最直接的表达；同时又是死亡的最直接的矛盾。它展示，死亡从不死去。事实上，死从来没有终止生活。在比较简单的层面上，每首诗展示出的，是对所有以往诗人的尊敬。我想是这样，哪怕这只存在在我们的下意识中。我们把自己塞进人类自古应用的表达的模具、意识的模具。我们用对前人的尊敬，来分得一席之地。有时，那就像招魂术，你和死者交谈、和诗意的魂灵交谈。对于我，那也总是一种对未来表示崇敬的仪式。因为形式将继续。诗歌比诗人更重要。虽然变化会发生，新一代会有不同的读物，但情况还会是一样。就像现在我读李白，我对他诗中的音乐一无所知，我不了解他文字的宗教背景，我清楚我读到的是第六或第七次被翻译过的他，我不懂他诗歌的文化语境，我不认识他作品中其他诗人的回声……但即便如此，我接收的是一首诗。李白为我而写！（杨：所有好诗都是当下的）正是如此。这是一个持续的现在时态。这就是我说的死亡表达，它始终是现在时。

杨：我觉得，不管一首诗是谁写的、写于何时，只要能和我进行灵魂对话，就都是"我的"诗。它们是我生命的必需，缺了它们我的生命也空旷了许多。这个世界近十余年来经历了许多"变化"，柏林墙的倒塌、冷战的结束，似乎是"历史的终结"。随着苏联的解体及意识形态的被抛弃、前"反抗文学"的突然失重，许多人突然面对着一种空：不知道该如何对待自己以往的生存经验？它与现在到底有没有、有什么关系？许多人的失语与此相关，这是另一片突然被抹去了自己足迹的土地。但对我来说，足迹只要够深，就不会被抹去。换掉"冷战"的名字，生存的处境感一以贯之。唯一要劲的，是看你有没有穿透时间之墙去提纯思想的能力。死亡，可以带上冷战的面具，也可以带上"9.11"、"文明的冲突"的面具，甚至带上经济神话、中外交流、全球繁荣的面具。诗歌的"共时性"，植根于人内在处境的本质不变。古往今来的诗人其实都在写同一首诗。在这个意义上，"冷战"亦如其他记忆，决不意味着过去，它正是我们理解今天困境的极难得的参照，一种来自底线的出发点。现在，我特别好奇于你的经验：你曾是一个南非"反抗"诗人，后来流亡出国，在漂流中遥遥"目击"祖国发生巨变。你今天生活在巴黎，在纽约，在南非，在你命名为"间中世界"的无数地点——却又始终是你自己。这是怎么回事？你怎么能做到这一点？

汴：有个人曾经对我说过一句很有意思的话："诗歌是你唯一的母语。"不管你用哪个语言写作，诗歌是唯一的母语。我喜欢这个想法，因为它指出了微妙的一点：诗歌不止和某个特定语言相关。它其实提供了一个普遍的、更深的层次。当然了，诗要借一种语言显形，那成为另一个语言问题。但全人类任何语言的诗人，在深入到诗歌写作这个层次时，简直没有什么不同。不信，你请一位美国诗人和一位伊拉克诗人在一起朗诵，立刻可以发现那些诗多么相像。我们在寻找语言的节奏、确定一首诗的形式，甚至赋予一首长诗"独特的"结构时，简直像在做同样一件事。也因为有这种"同行"的理解，我敢说李白为我写诗，而我的诗也能为他而写。杜甫的流亡诗，也能包含今天巴勒斯坦难民月夜的哭泣。在这个更深的层次上，时空中发生的一切，没有什么是应该（或可能）被抛弃的。我甚至觉得，美国和伊拉克的诗人，其实就是在续写曼德尔施塔姆和兹维塔耶娃的诗。你前面提到过"形式的深度"，我喜欢它，因为面对"诗歌母语"，我们的写作不可能不是深刻的。这与人为划分的"时代"无关，而与完整积淀在我们心里的古老的时间有关。"深度"，就是对诗歌的尊敬。我把这种尊敬放在心里，于是所有地点也就没有不同，它们都是同一个地点：包含在诗歌母语中的世界。

杨：与"母语"相对的是"外语"，当"诗歌是我们唯一的母语"，那么"非诗"就是外语。我们都来自于一种"非诗"的现实背景，在"间中世界"的某一点上相遇，是"诗歌母语"让我们彼此理解起来毫无隔膜。也许，正是我们当年在现实和诗歌之间的挣扎，变成了一部词典。让我们懂得：身处"外语"的环境中，而坚持用"母语"说话，有多么重要。我们得在各自的内心中，寻找某个深藏的"人的原版"，再以那个原版与别人沟通。从我们离开祖国到现在，南非、中国都发生了很大变化，但另一方面，这个世界不是变得平和、融洽了，相反，空气中弥漫着呛人的火药味。"现实"这个词，在今天甚至比"冷战"时期更紧迫。脱离了意识形态，人性的深渊才绝对触目。"后现代"的说辞，试图抹平不同时段的区别，但那并不意味着"深度"的取消。恰恰相反，那意味着深度的必须。诗歌，必须回应存在的提问。有时，我凝视一首首诗，直是感到在凝视用精美的形式一次次重建的黑暗和虚无。悲观吗？可怎么我的感觉正相反？这里，诗歌又显现为一种与"不可能"抗衡的极端生命力了。它站在不可能深处，一次次突围，失败，再开始。事实上，是人的历史在模仿它，模仿诗歌母语蕴含的人生语法。诗，就是我们的原版。

整理于伦敦

2006 年 5 月 8 日

关晶晶 作品,《无题08-09》

英国：

与英国诗人赫伯特、帕蒂和唐晓渡对话：
找到21世纪诗歌交流的语法
每个诗人都必须创造出自己的形式

每个诗人都必须创造出自己的形式

—— 与英国诗人赫伯特、帕蒂和唐晓渡对话：
找到 21 世纪诗歌交流的语法

唐晓渡（以下简称唐）：中英诗歌交流已经进行过多次，参加本次活动的英语诗人中，两位大概是近年来接触中文诗歌最多，与中国诗人交流得最充分的。贝尔已来过中国三次，葩蒂也两次了。能否请二位就已获得的交流和翻译经验，来谈谈对中国当代诗歌的看法，包括在交流中所发现的问题？

威廉·尼尔·赫伯特（以下简称贝尔）：中国诗歌在过去二、三十年里给我的感觉是发生了非常重要的变化，而且这种变化还在继续发生。通过这种重要的、地震式的变化，中国已经产生了两三位非常重要的诗人。在我看来，重要性的标志，就是具有世界意义。对于中国当代诗歌来说，我觉得有两个非常重要的资源或因素：一个是古典诗歌及其传统；另一个就是所谓全球化的诗歌写作和文化环境。这样的因素当然可以通过一些较具普遍性的讨论来做总结，但无论怎么总结，都不会自动解决它们提出的问题，真正的解决一定要通过作品来呈现。包括对这些比较重要的诗人的详细解读。这不应只是一个话题，而要落实到作品内部，通过研究每一个诗人、甚至研究同一诗人的不同作品来完成。去年帕米尔诗歌之旅中，我们就谈到了这个问题：中英诗歌交流，为什么要做？怎么做？谈论来谈论去，最后还是回到了这里：作品。在深入理解作品中，构成两个文化间的深刻对话。也许我们现在做的每件事，其实都正是在面对和试图解决这个问题。

我还有一个强烈感觉：中国诗人经常谈到西方诗歌的一些情况，特别是英语诗歌；但他们大多谈论的都是些美国的现代主义诗人。当然是些大诗人，不过这些诗人实际上和当代的正在发生状态的英语诗歌写作距离甚远。对我们来说，这个想象中的中英诗歌对话似乎还没有建立起来，因为正在发生的英语诗歌写作实际上没有参与进来。

另一个要点，是诗作翻译的质量问题。离开了高质量的翻译，不能较好地呈现各自的诗歌写作，那么不管是作品的思想意义还是形式的内涵，以及所有那些有关文化的环绕式的讨论，还都是比较空洞的。所以我觉得，一定要关注翻译质量，因为谈论也不能代替作品。我们现在正在进行的这种落实到作品上的交流非常重要。

帕斯卡尔·葩蒂(以下简称葩蒂)：我对中国诗歌感到非常兴奋。我喜欢那些还在动荡中的东西。我觉得中国人的诗歌可以教给西方诗歌很多东西，不止是关于意象等等。我已经翻译过三个中国诗人的诗，杨炼、翟永明、周瓒的，我觉得从杨炼的诗里我学到了很多东西，除了写作，还包括诗歌的野心。这其中包括很多因素，一个比较触目的因素在于难度、复杂性，以及为了达成复杂性必须要冒的风险和其中的紧张度。中国诗人谈了很多与西方诗歌有关的话题，我和贝尔的感觉一样，我也觉得这样一些话题谈论的似乎主要是和美国诗歌之间的关系，而不是与英语或者欧洲传统之间的关系。

另外，我还有一个感觉：中国诗人也谈到返回传统或者重新发现传统等话题，我也发现一些中国诗人有的确实正试图返回传统，他们不是写城市题材而是去写乡村题材。这可能是个令人兴奋的问题。当然中国诗歌确实农村的因素很强，中国诗歌的传统更多以农业文明为背景，但我认为，城市实际上也是个很大的、很有意思的、有挑战性的课题，中国诗人应该看看能否更多地处理这样的命题。

我通过翻译杨炼的诗，包括和他的交流，发现方块汉字是个特别有意思的东西；但通过和中国其他诗人的交流，特别是这一次的活动，感到汉字同时也是一种笼子，好像禁锢的因素也很强（贝尔等会儿还要就此说几句）。总之，翻译的重要性是怎么强调都不过分的。翻译中遇到的都是这些本质性的问题。

杨炼（以下简称杨）：你们说到的这两点，都点到了问题的核心。虽然我跟与会的中国诗人作为朋友都很熟悉，

帕斯卡尔、阿莱士和杨炼在伦敦"唯一的母语"私人国际艺术系列活动中

但是平时彼此之间很少有机会深层次地谈论诗歌，加上近些年我主要住在国外，对朋友们、对传统、对于自身创作的新想法不太了解，所以对我来说，这样的诗歌交流活动，几乎有种左右开弓的感觉，既与英语诗人进行中英交流，又与中文诗人进行母语交流，既腹背受敌又左右逢源，非常酣畅淋漓。

我这些年的状况，可以概括为：在离开中国很远的地方，继续一种深入在"中文之内"的写作。那远不止是"写什么"的问题，而一定是"怎么写"？更核心些，该说"怎么持续创造？"所以，我自然而然会思考如何借鉴"他山之石"的问题？不是泛泛的"交流"，握握手问候一声那类，而是提出真正的问题，最好是不同语言面对的共同困境，人生的和文学的。没有问题的深度，就没有交流的深度。在伦敦，我作艺术总监的"唯一的母语"私人国际艺术系列，就在推进这样的深度交流，这次帕米尔诗歌之旅(它在英国的名称是"黄山诗歌节")，在思路上一脉相承。

这次活动之宝贵，在于它紧紧抓住了作品，抓住了通过解读作品，探索诗人的思想。这使考察传统、个性、语言等等话题，不止停留在对观念、策略或者口号的空谈上，而是通过对每一行原创诗作的讨论、对每一行诗人译文的追究，看它怎么一点点落实。一讨论到具体的作品，就非常有意思。比如说臧棣，在开幕式上，他宣讲的主要是些革命性的口号，关于创造，关于力量，关于抛弃传统等等，相当极端。但具体讨论他那首《咏物诗》时，情况就完全不一样了。咏物诗本是一个非常传统的诗歌类型，但他把它变成了一首诗的题目，并在诗中重新思考、重新处理了关于物、人、诗之间的相互关系。不仅不极端，反而相当柔顺。我更感兴趣的地方在于：如何通过理解传统和当代中文诗的创造性联系，发掘一种哲学的、语言学层次的理解，并以此为灵感，对当今人类普遍困境做出应对。就是说，不仅激活传统，而且开创一种全球化语境中更大的"传统"："诗歌是我们唯一的母语"那种传统。直到我们写出来的诗，不再是简单的"中国诗"或者"中文诗"，而是用中文写的——"诗"。只有到这时候，它才获得了一种普遍的意义。

贝尔：我想接着刚才菰蒂的话题再说两句，很多中国诗人都把美国的现代主义诗歌作为一个对话的对象，我也不否认中国的一些当代诗人和美国当代诗歌有相对更广泛的联系。不过，我还是更愿意强调，英语诗歌，比如像英国的英语诗歌这样一种形式的传统，它实际上是有一个非常深远的背景的，在我看来，跟英国英语诗歌这样一个讲究形式的传统进行对话，是可以真正和中国古典诗歌那样一个深远的传统构成一种深层的对话的，可以形成一种比较的关系。

菰蒂：如果中国诗歌简单地成为一种美国式的所谓现代诗歌，特别是成为那种所谓自由体诗歌的简单复制品的话，这将是非常非常遗憾的。因为自由体正好是形式思考的反面，从诗歌来讲，它不提供什么。

贝尔：去年参加"2006 帕米尔诗歌之旅"的时候，我们曾经与艾略特·温伯格有一个讨论，他谈到他对汉赋的兴趣、理解等等，不过他谈得更多的是汉赋内容方面的东西。杨炼和他谈到汉赋的特殊形式，关于音乐性、汉字的音律、特别是它对后来汉诗形式建立的重要影响等等。屈原之后，汉赋大规模发展了汉语的形式感，它实际上奠定了汉语语言几千年形式主义表现传统的基础。艾略特对于这方面的重要性意识不够，基本上，一言以蔽之，他只关心内容而不是特别在乎形式。我不是想要批评艾略特，毕竟他是从英语写作的角度，想从中寻求一些灵感。但是最大的问题是：他的这种说法或者想法，既遗失了汉赋最重要的意义，也误解了我们对话中的最重要的焦点。

葩蒂：我很同意贝尔所说，如果翻译只是在翻译一些所谓的观念、内容的话，实际上没有太大意思，这种翻译的力量没有花到该花的地方，真正的翻译应该体现在语言和形式这种内在的层面上。

杨：我一直认为，离开了对形式和语言的讲究，就谈不到意义或含义。这也就是为什么，在我们的这几次讨论中，我一直强调汉语中字的层次和词的层次的原因。汉语诗人其实在一个很复杂的状况中使用语言。具体地说，我们同时在字的美学的、感性的层次，和词的翻译的、概念的层次上，分裂而混淆地使用现代汉语。字维系着和古典的血缘关联，如"野静云俱黑，江船火独明"；而词大多整个从西方翻译而来，如"科学"、"民主"，甚至"时间"、"空间"。它们的复杂性在于：字组成了词，又瓦解了词意的完整性。一个概念，加一个字还是减一个字，选择什么字组成的词，都构成了微妙的不同。有外国诗人问我，为什么我诗中有时用"海"、有时用"大海"，为什么？我还一时语塞，回答不了。而这在诗歌翻译中，是回避不得的问题。也可以说，通过我们活动中的诗人互译，在作为译者的外语诗人追问下，诗人不得不关注自己写作跟母语本身各要素之间的关联，并把这关注上升为自觉。

唐：这是一个很有意思的问题。对于中国新诗来说，一代一代的诗人老是不断地面临这个问题。中国诗歌以前一直使用古典的格律体，其形式要求特别严格，发展得也极为成熟。新诗是在对这种形式的反抗或者背离当中才产生的，实际上中间还经过了新诗革命最早的那个阶段，它既尝试保留旧体诗的形式，又试图把现代的感性啊，思想啊，都包容进去。后来发现完全不行，所以当时胡适有首诗叫《关不住了》，诗写得很差，但他确实表达了那一代诗人的一个普遍感受。其后穆木天、王独清很快看到并指出了新诗的弊端，就是按照自己的需要把惠特曼式的"自由诗"理解成了随便写。胡适在这方面是最典型的，所谓"我手写我口"，等而下之，就成了随便写。这话本来也不是他说的，好像是梁启超说的。闻一多等人试验半格律体，针对的也是这个，风行过一阵，现在看来也没有站得住……

贝尔：英国的历史不像中国的那么漫长，传统是清晰的。英国格律诗也是很清晰的，可是要搞清楚中国格律诗的各种形式却是很费劲的事。

杨：我自己觉得，中国新诗的发展好像无论如何都得经过个六七十年的时间，只有经过这么一段时间之后，白话文才从一种本质上说是非常年轻的语言，成熟为一种能胜任诗歌写作的语言。这种成熟的特征就是：一方面它可以向世界的新观念敞开，另一方面，则是在美学意义上使汉字重新获得融感性和理性于一体的表现力。

唐：现代汉语差不多是 20 世纪的发明。它一开始确实不是为诗歌而是为运输新思想准备的。这点蔡元培说得很清楚，对陈独秀等人也都是这样。首先是运输新思想。实际上这种情况在 1979 年前后又出现了一次。当然，1979 年前后的情况和"五四"不一样，"五四"是特别清楚的，80 年代初很多人就在反思，认为现代汉语不是一种适合用来写诗的语言。杨炼刚才事实上已经回答了这个问题。这里还涉及到汉语内部的紧张关系。当年庞德盛赞汉字就是被发明用来写诗的语言，天生是写诗的语言。然而，差不多同时，一批中国现代知识分子包括鲁迅在内，正在策划废掉汉字。

葩蒂：庞德当然从中国资源中发明了意象派什么的……

杨：庞德从汉字的构成特性里引申出意象派，这一点上他绝对是天才。不是"远来的和尚好念经"，而是"远来的和尚念好经"！但另一面，他实际上没有触及、或根本忽略了汉语古诗的形式，以及那形式的思想内涵。正因为这，我对他的赞誉，是"伟大的误解"！我以为，正是在古典诗歌的形式里，真正包含了对汉字的理解。古诗形式是对汉字观念的充分发展，尤其是其中蕴含的对时间和空间的哲学性认识。对此，古代中文诗人是自发的，庞德是初步自觉的，而我们必须充分自觉。

贝尔：不管怎么说，庞德把中文诗和英文诗联系在了一起，而且他把中文诗真正变成了英文诗的一种资源和能量，这也是为什么我们会在这儿进行这样一种翻译研讨活动的原因。从英语诗人来讲，我们能感到这种活的血液，并感受到参与了解中文诗发展这样一个非常令人兴奋的时刻，这也是很重要的。在英国实际上存在一种对于中国诗歌或者文学的广义的兴趣，这是很清楚的。

杨：我感到美国对中国的兴趣，多集中在政治、经济、外交等等，比较实用。英国则始终更关注文化，甚至诗歌。阿瑟威利的古诗译文，以流畅如英诗著称，庞德则根本是对中英双向思想的开创。他虽是美国人，可毕生浸淫欧洲之中。

我觉得像我们四个人的这种讨论，正在继续那个英国的中文诗歌翻译（思考）传统。英国诗人坐在黄山脚下，和中文诗人讨论中国诗歌内部的情况，包括它的困境。这样一种深度交流，过去从未发生过。可以说，你们交流的"底牌"，是欧洲过去两千年文化变迁形成的英诗基础，那包括时间阶段上的变迁、面对不停外来文化挑战和应对时所形成的复杂性。正是这内在的深刻和复杂，构成了理解另一种复杂文学现象的基础，并让我们能够对话。

我还想就中国当代诗人应该怎样对待传统说两句。我觉得对于这个问题大家有非常不同的观念、方式。以我自己来说，我研究汉字的性质、中文传统思维方式、哲学观念等等，是要把它们带入对整个人类处境、人性处境的理解，它们必须对当代人类思维有效。因此，我的诗歌，肯定是观念性的；而我的写作形式，也相应地会具有实验性。它甚至对很多中文诗人来说，也会是陌生的。我以前戏称，我用"杨文"而非中文写作，就是指这种创作状态。你可以说它是"独创"，但前提是既不能因袭古典，又不能模仿西方。在我的诗里，深刻的"中文性"，恰恰相反于流俗的异国情调。

葩蒂：我觉得在传统中比较容易认出的、形似的那种东西，相对来说并不能体现出与传统的深刻关联。那种联系倾向于直接的过渡，常常不太能处理人类生活、情感、认识方式等等方面更深刻的变化。

贝尔：我们当然都比较熟悉杨炼的作品。在英国，杨炼的东西算是翻译得最多的，他的那种从根上打开的方式我们也都比较熟悉了。中文诗人其实可能还是会有各种不同的想法，我前段时间翻译过芒克的一首诗（"06之旅"宣传册上的），我觉得他的诗很不同，也很有意思。西川那天发言谈得也很好，他从很多不同的角度来谈传统，不光是传统、现代问题，也包括不同种类的艺术之间的移动，特别是关于用当代感觉来处理一些传统形式，或者给传统的形式以当代感觉的东西，诸如此类，都很有意思。从我的写作本身来说，我就经常对苏格兰的很多诗歌形式做这种运用和处理，比如一些二、三百年没人用过的形式，我现在再拿过来重新写成非常当代的诗。这是很有道理的，其实可以做很多事情。

葩蒂：我觉得最重要的还是每个诗人都必须创造自己的形式，无论英语诗人还是中文诗人都一样。不止是要运用传统的形式，而且是要在当代感之中，根据语言的情况来创造自己的形式。我认识一个很年轻的英语诗人，他常做的一项功课就是经常放慢、放低他自己的呼吸，来倾听一些大自然的或是历史的，总之是跟他的诗歌内容有关的东西，力争给每首诗创造一个形式。

杨：对，这种自觉性——给每首诗一个形式的意愿确实很重要。实际上每首诗的独特形式又和诗人整体的语言、文学、哲学的思考联系在一起，是一个互动的东西。

唐：我先接着刚才说的继续谈一谈，我觉得经过从80年代到现在差不多三十年的发展，现代汉语本身已经有足够的力量承担诗了。现代汉语和古汉语是完全异质的东西，它像一种合金，在被不断地锻打，也可以说是一种自我锤炼。现在它已具备承担美或者诗意的基质和能力。当代诗人们为此做出了相当大的贡献，这和当代诗歌自身走向成熟是同步的。

现在的问题是需要有那种非常自觉且特立独行地追求形式创造的意识。我在写杨炼的一篇文章中谈到过"现代汉语本身的流亡"，这表明了一种根本的看法。现代汉语和诗人个体之间必然发生一种关系，所谓"成熟"只能通过个人的创造来完成。其实好多诗人的意识已经到了。比如说臧棣，他那天的发言背后是有很多他自己的实验来支持的。比如说他用宋词的词牌写过差不多一本诗集，《念奴娇》、《蝶恋花》什么的，但完全不按宋词原来的那个形式写。或许他试图证明，他是把宋词这个形式仅仅作为一个元素或素材来处理的；而他想达到的效果就是：那个时代把《念奴娇》写成那个样子，而在今天，我把可能的《念奴娇》写成了这个样子。问题就在这儿：他意识到了，但这种形式实验到底有什么意义则是另外一个问题，也许实验本身就是意义吧。

杨：我倒是觉得，如果臧棣真的把《西江月》、《菩萨蛮》等等，用原本的形式规定而写成当代诗更有意思，这样他就保持了在古典和当代之间的那种紧张度。把原有的形式放弃了，紧张度也就被放弃了。

唐：我还想问问贝尔，你说经常会把一些二、三百年没人用过的形式重新激活，那你是怎么激活、怎么处理它们的呢？

贝尔：有三种方法。第一种就是完全保持形式，变换内容，形式被严格地遵守。这当中还是比较复杂的，包括文化的内涵、文本关系等等，虽然看起来保持了原来的形式，但是内部相当复杂。第二种方式有点像个组诗或者戏剧诗性质的，有一个叙事的线索贯穿其中，在这种贯穿中镶嵌各种各样古典的形式，有角色，有故事，有冲突，有对话等等，所以在这种方式里有很多种形式可以被引进、使用，包括一些更古典、甚至更古老的因素。第三种方式可以称之为一种隐身类型，某种传统形式，在古典时代经常是用来写某种特定题材的，比如常用来写爱情诗，我把这个形式拿过来打开、扩展，但是又保持这个形式的某种内在的联系或者统一感，我可能会用音乐啊，或其他的某种形式，将它扩充得比原来大得多，然后使它成为一个可以表演的东西。组诗也是由各种各样的形式、各种不同的手法互相交错、对照而成，但是在其中会有某些潜在贯穿的因素，有的就像一个鬼魂一样。有时鬼魂作为一个主题、作为一张脸突然冒出来，然后又没影了；但是它一直存在、贯穿在过程中间，像一首组诗或者音乐性的一种结构关系。

唐：中国现当代诗里面很少采用你这种使用旧形式的方式。但是我觉得像中国的"古风"就有点这种各体杂糅的味道。我一直有个观点，中国古典诗歌的形式，如果就它本身来说，是够用的。因为除了诗、赋、词，诗里面又有律、绝，词里又发展出元曲外，还有古风即长短句。长短句很奇怪，它其实是综合了诗、赋、词、曲等各种形式元素，或者说后来的这些是从最早的"古风"里分化出来，它又不断回过去综合它们的一种形式。

杨： 我觉得在鸦片战争之前，中国的古典诗歌、古典传统基本上都是在内部转型，其实现在也还在转型。我的《同心圆》里有几首诗，如《递进的迷宫》等等，都是和杜甫的《登高》联系在一起的。再如对很多人来说恍如天书的那首《谁》，文字字面上毫无关联，例如"字水虫千"，但在视觉背后的音韵层次上，整首诗完全遵循古词"浪淘沙"的平仄规定，朗读起来，非常悦耳。我用这样的方法，"撕掉"汉字视觉，暴露出通常看不见的音乐。这不是简单"使用"古典，而是把古典纳入当代创作，成为一个有机部分。诗歌创作不姑息惰性。我喜欢看到我使用的古典元素，甚至令对中文古典耳熟能详的读者，也是陌生和怪异的。他们认不出那两者之间的关系。这就对了。因为传统的笼子已经锈住了，人们甚至无法想象有一扇门可以打开。

贝尔： 这个问题也不光是在中国才有。实际上在英国，在西方诗歌中，虽然可能每个人都有一定的思考，但是真正能够细致地进入文本特别是形式来进行有意识的对话和讨论的，也还是很少。在今天这是一个比较普遍的问题，人们还是太多地使用诗歌，而不是思考诗歌。

杨： 我觉得在中文诗里，地方性因素也是个很大的问题。据我看，除了作为主题因素有所呈现外，"地方性"在关于诗歌形式的思考里几乎没有任何表现。中文诗歌写的大都是一种普遍性的诗歌。

葩蒂： 那么没有什么"四川派"吗？

杨：大家都住在四川，就以为是"四川派"了，但那很少跟写作有关联。

蓓蒂：在中国，北京是不是诗歌批评的中心呢？

唐：也许是吧。或许哪里有人写真正的诗歌批评，哪里就是那个中心。

贝尔：在这次中英诗歌交流中，大家可以看到，英语诗歌写作有个特点：几乎每一个诗人都来自不同的地区。他们对自己的地方因素，对诗歌内涵和形式的影响很明显。比如蓓蒂，虽然她从伦敦大都市来，但她诗中表现了一种重要因素，就是那种外边的人大量涌入一个地方，给那里的"本地性"带来了巨大的内在的分裂，由此形成了诸多的分裂感和分离感。她的诗实际上还包含着那种在一个大都市之内的国际性的分离感。诗人各自不同的背景，所谓地方生存的区别，这种区别在各自对诗歌的思考中还是有相当清晰的表现的。来自非洲的奥菲曼就更加明显，比如他对待口语诗歌的几个层次的态度：一个是口语诗歌跟一般英语诗歌的区别；一个是即使如此，也不是简单地回到母语口语，而是在国际背景意识下提高母语口语的价值，把它变成自己当代诗歌写作的一个有机因素。这样的情况在中文诗歌写作中似乎没有太明确的呈现。

唐：我发现在这次讨论中，这的确是一个很突出的问题。我们讲诗歌理念，更多的还是在一般诗歌写作的层次上，很少强调形式的个人性。形式的独特性肯定是和诗人自身的内在机制、他的经验等等相互交织的。中国诗人关

杨炼在伦敦"唯一的母语"私人国际艺术系列活动中朗诵

于独特性——特别是形式独特性的思考比较少，反而有更多的关于风格的思考，更多的还是关涉一些普遍的美学品质。这跟批评也有关系，当代批评也很少从形式上来对一个诗人进行评价。说到地域性的问题，当然也不是没有讨论，比如曾经有过关于南方诗歌和北方诗歌的讨论，但它后来很快又被什么知识分子和民间问题冲淡了。其实这之间是有很多值得探讨的问题的，包括少数民族文化和汉语文化的关系等等。

杨：我觉得这里的核心问题，还是缺乏自觉。事实上，这次中英诗歌交流项目的设计，就是为了激发自觉。整个项目，从黄山脚下的古老徽州开始，通过中英双方的专题演讲、分成小组细读作品，到黄山顶上开始的诗人互译，再在英国继续互译这个基点，然后在伦敦以专业研讨和公众朗诵结束，用英国老牌诗歌杂志《诗歌评论》的主编菲奥娜的话说："每个细节都建立在对诗歌的深刻理解上。"我认为这评价很中肯。你甚至可以说，中英对话就是时间和空间的对话。中文三千年的持续转型，英语作为覆盖全球最广的语种，带来了交流的丰富内容。例如，汉字的动词，是无时态、非时态？还是包含了一切可能的时态？甚至直抵共时性的处境？而英语呢，我们的英国诗人分头来自英格兰、苏格兰和威尔士，其他诗人来自美国、新西兰、尼日利亚，每个人不同的文化背景，增加或改变了多少那个"共同语言"的内涵？更重要的，是语言在每个诗人作品里的不同呈现。"古典"也好，"本地"也好，都只是组成个性的因素。而诗作呈现着那个正在发生的个人。其实，"风格"的固定化，很可能是一个缺陷，至少是弱点。因为风格应该是个性的外延。内在发展必然带来外表的不同，但精神上可以一脉相承。中文诗里，很多问题讨论不到位，是因为经常谈得很笼统。例如什么叫"本地"？是诗人属于一个本地？或本地其实属于诗人的创造？对我来说，每只眼睛看到的风景都是不同的。你不在"本地"，只能是你的诗写出了你的"本地"。形象点说，你的根可以探入任何泥土，长得够深，直到把那里变成你独有的世界。我把我居住的一个外国——伦敦李河谷地区，写成诗集《李河谷的诗》，就是这意思。把它变成我的本地。

唐：曾经有批评家分析过翟永明的四川方言在诗歌写作中作为一个因素的体现，但这其实是同构的。方言和普通话的诗学关联如果不能落实到声音上，形式上，是很难被读出来的，这确实需要批评家来指出。就形式的创造而言，方言仅仅是一个元素。翟永明这些年的诗歌变化挺大的，尤其是在风格上。但在形式上后来很少有像《咖啡馆之歌》那样的自觉变化了。在这方面，她似乎还可以再往前推进。

杨：我曾经问过翟永明，你写东西的时候脑子里想的是什么语言？她说那当然是四川话；我说那你念诗干吗用普通话？直接念四川话不是好得多吗。这是一个问题，另外一个比较深层的问题就是，当她用四川方言来感觉和思考，而普通话里又没有一种现成的诗歌形式，能够抓住这些感觉和思考时，写下来的作品如果要有音乐感，她就必须发明出一种不同于四川话音乐感的东西，一种她自己的普通话语感。这样写下的语言，容易有散文化的倾向。再后来，她又告诉我，她家庭的北方背景，其实也在暗暗阻挡她把成都话当纯母语使用，这就更多了一个深层原因，使情况更复杂。

唐：最后，我想问蓓蒂一个问题。那天你发言之后，好几个中国诗人背地里都曾说道，蓓蒂讲自己的身份有法国的、威尔士的、印度的……，并说自己一直在寻找自己的身份，最后认同了亚马逊河流域。你说这是寻找的结果，大家想知道为什么你会认同亚马逊？

蓓蒂：我去看亚马逊的大瀑布——天使瀑布，与那里的人接触，他们是些非常安静的人，有着奇异的神话系统。我其实是一个一直在流亡的人，在这个意义上，我不是在寻找一种固定化的身份，而是在打开，随时向各种可能性敞开。当你抛弃那种表面的、固定化的东西，随时准备向不管多么遥远但和你共通的因素敞开时，你反而能不断发现自己内心的一些特质。

杨：我不知道哪个天才，选取了屈原诗中的"流亡"一词，来翻译英语"Exile"，但这个词，像一种诗歌语法，贯通了两千多年中文诗歌传统、20 世纪的现实和 21 世纪人的精神。我相信有一首"原诗"，穿透古今中外，在源源生长流淌，把我们每个人变成承载它的形式。

关晶晶 作品,《无题09-006》

俄罗斯：

与弗拉迪米尔·米库舍维奇对话

把蘑菇放进锅里

把蘑菇放进锅里

——与弗拉迪米尔·米库舍维奇对话

米：首先，我们必须明确一点：诗歌不只是语言，它高于语言。

杨：我有点惊讶，您一开口就说到诗歌高于语言，因为我也一直这么想。虽然诗歌基于语言，但它又是一种最独特的组织语言的方式，总在探求、触摸语言表达的极限，事实上，诗歌有点像要在语言内超越语言。

米：就像古典中国诗人们在完美的形式做到的。你也读中文古典诗吗？

杨：我热爱中国古典诗歌。我把我思想和创作的焦点，定在和古典大师的作品间建立一种创造性的联系上。那应该是一种对古典的重新发现。

米：这非常非常重要。

杨：这是每个文化的准则。

米：我觉得我自己就是一种古典诗人。

杨：哈，很有意思。请问您翻译过什么古典中国诗歌？

米：我翻译了《诗经》。我认为，《诗经》是最重要的中国诗歌作品。我用《诗经》的英译帮助我的翻译，但是为了忠实于原作，我也在字典辅助下，直接阅读原文。

杨：你也翻译过屈原的作品吗？一位同样古老、但作品和《诗经》很不一样的诗人。他的作品堪称中文诗歌里一种不同的传统。

米：我还翻译过宋词。对我来说，中文古典诗歌的形式极为重要。在我自己的诗歌写作里，你也可以看到类似的形式追求。

杨：但是，在20世纪，这种形式追求遭到了人为的阻止、甚至破坏。在"现代"的名义下，中文诗人的形式意识变得很薄弱。文学变得贫瘠不堪。

米：现在中文诗人写诗押不押韵？

杨：有些押韵有些不押。我自己的作品，最早有韵，然后写了相当长时间的无韵自由体，最近又回到押韵，但是是为每首诗独特设计的韵律形式。我希望形式和内涵之间有一种独特的、命运般的联系。这个诗意，非这个形式莫属！韵律给诗一种限制，而限制对诗歌至关重要！

米：这一点上很像古典诗歌……

杨：嗯，也不完全像。古典中文诗一般很短，所以比较容易一韵到底。但当代诗承载的内涵复杂得多，所以我很少用简单的一贯到底的韵脚，而是变化韵律的设计，让形式本身也成为内容的有机部分。您看，情况一直在发展。

米：我的诗作看重诗韵、同时还有节奏，这一点上也很像中文古诗。

杨：我想问：那么在您的作品和俄罗斯古典诗之间，有什么样的联系？

米：有很多联系。语言上的、形式上的，但是自然的，我们更受到英语诗的影响，例如我翻译过的史宾塞、庞德。有些东西不太容易说清……我觉得比较准确的说法是：用俄语写的英语诗。

杨：有意思。

米：这是俄语的英语诗。但我的写作里，也直接使用英诗原本的形式。我的研究和教学都和它们相关。我想这应该被叫做欧洲诗。

杨：那您认为，在古典俄语诗歌形式和这类"英语——俄语诗"形式之间，最重要的区别在哪里？

米：我想没有很大不同。当然，我用俄文字母，但形式……不容易谈，但我想主要在音乐性上。俄文诗有歌唱性、注重音乐。现代诗更专注，聚焦在言说本身。它们太不一样。我既用俄文、也用英文写诗，两种都是原文，可我没办法互译。我不能把我的英文诗译成俄文，也没办法把我的俄文诗译成英文。它们只能用自己的形态存在。不过，我可以把我写的德文诗翻译成俄文。对我来说，不是我选择俄文、英文、或德文来写诗，而是诗选择用什么语

杨炼和荷兰女王在荷兰鹿特丹国际诗歌节四十周年庆祝仪式上
中立者为诗歌节总监巴斯

言。诗写它自己。

杨：肯定。这些语言的语言性，大大不同。特别是今天，听一位英语诗人朗诵，和俄文经验太不一样了。尤其在音乐上，音乐的内在限定、内部规律，反过来在筛选诗意。其实，韵律本身就是一首诗的内部记忆……

（米的妻子：我们上桌吃饭，边吃边谈吧……——和中国一样！）

米：你对毛的古体诗怎么看？

杨：在中国，今天人们谈论毛，称之为天才，但没人谈论他的诗，或者是哲学。但其实，读他的文章可以看到，他对"道"有些很敏锐的想法，那渗透了他对"矛盾"和"变化"的看法，又深深影响了他的政治观。可是，没人研究这些东西。

米：我看来，他更是个很聪明的人，但不是个政治家。

杨：说到政治，我不得不说，这类意识形态的说辞，简单化了、毁灭掉了太多东西。谁知道，毛本来可能就该写诗。但一个特定时代中，他成了那类诗人，有机会把梦想中的诗意转换成别的形式，转换成一种现实。可惜，无论时代或他自己，都未曾料到是一种什么样现实。

米：其实让那一件事，留在两件事里，容易得多，但可惜偶然混合成了一件。

杨：同意。不过，毛的诗歌，确实大大得益于中文古诗的形式。没有那些千百年锤炼出来的成熟形式，如果他只是个自由体诗人，他的诗作对我来说几乎没有意义。我甚至觉得，他的诗百分之六十的成功来自于形式。他的一些诗作……

米：过分古典。

杨：没错。完全古典。虽然他在意识上非常想反传统，但他的诗歌形式本身，把他重新放回传统中。他要表达自己，但表达的形式"吃掉"了表达的内容，他被形式"表达"成了另一种东西。这使他在诗歌上，比在别的方面更暴露出自相矛盾。一种20世纪中国文化里最常见、也最经常被忽略的自相矛盾。

安娜（杨炼的诗歌节向导）：我也读过他的诗歌的俄文翻译……

杨：谁把他的诗翻译成了俄文？

米：我读的是英文。俄文翻译不是太好。那些译文过分政治化，破坏了诗歌。

杨：很奇怪。那里当然有政治，但也不能说完全没有诗。

米：是的。

杨：他是个特殊政治人物，也是个特殊的诗歌人物。1949年以后，几乎没有中文诗人，可以公然拒绝现代诗，只与旧体诗歌相连，除了他。

米：文革中写古体诗有风险吗？

杨：当然。形式本身就是一种危险。独特的形式已经在拒绝绝对控制。它内含着独立的自我意识，它就是独立。一个针对周围宣传式的公众语言的独立。这样，危险就来了。但当我和你做着对话，我在想，似乎俄国处境有所不同，即使在专制压力下，那个伟大的俄罗斯诗歌传统还在继续。

米：我们传统的命运确实不太一样，它没有被毁灭的那么彻底，它对我们的思想独立是一种维护。但它也遇到很大困难，有点转入地下。俄罗斯诗歌传统的基础是歌曲，特别是民歌（米库舍维奇开始背诵一首俄文诗，起伏波荡，旋律优美，头韵尾韵清晰可辨，乐感极强。每双行开始的一行由两个重叠的短句构成，然后下一行展开完成，再下一个双行重复此形式。全诗颇长，但犹如中国古诗，韵律显示了我称之为"诗歌的内在记忆"的魔力，他完全背诵，亮了一手现代俄罗斯诗人的绝活儿）。你可以听出它的音乐性，是不是？

杨：啊，好美！这是谁的作品？

米：我的诗。音调的结构是"达达达，达达达；达达达达达达达达"。这种音乐感怎么翻译成英语？

杨：当然不能。这种作品不应该翻译。

（我们开始喝伏特加，很多好菜，香极啦！）

安娜：俄罗斯人念诗一定要喝酒，而且是烈酒。

杨：从古到今中国诗人也有这好传统！弗拉迪米尔一定很熟悉李白，没准李白是位俄罗斯诗人？哈哈。再回到他谈的诗歌形式问题。在历史、政治环境动荡的时期，社会热衷于街头政治的时期，很不容易保持诗作现实性和诗歌形式的讲究之间的平衡。可惜的是，常常因为投合了社会性、实用性，有些诗曾风行一时，可环境一过，就显出苍白贫弱，经不起重读。前苏联走红的叶甫图申科是这样，中国80年代不少诗歌也类似。这反证了，诗作要耐读耐久，必须靠诗歌本身的质量，而非社会环境的附加值。诗歌的耐久基于其深度。作为年龄上的叶甫图申科一代，而诗歌美学上的大不同者，您怎样看这个情况？在复杂的环境中，如何选择？如何保持最佳平衡？明确说，既触及生存的深度，又是好诗？

米：（没有回答我的问题，却开始背诵另一首诗，仍然音韵优美，起伏跌宕。）

杨：哦，真棒！这韵律、这形式、这节奏，只能是俄文诗歌的。我住在英国，和很多英国、英语诗人是朋友，但没有一个人的诗作有这种音乐。我想，俄语基因起很大作用！布罗斯基也是个有趣的例子，我读他用英语写的作品，但总觉得那不是英语，而是英语单词记录的俄语。那令我惊讶，也很有意思。他好像想发明一种不同于、也介乎于俄语和英语之间的语言，一种"布语"，只属于他自己。这很像我给自己作品命名的"杨文"，它来自于、又不同于普通中文。几年前，我曾和布罗斯基一起，在纽约联合国大厦朗诵，那经验很强烈，他朗诵自己翻译的茨维塔耶娃的诗，但把英文朗诵得像俄文那样波涛汹涌，那也是一种"布语"朗诵！

米：但是，布罗斯基的出名也是因为政治，作为诗人，他远比不上米洛什。米洛什是真诗人，在诗歌上站得住脚，可布罗斯基的诗作质地不行。哦，边谈边吃。请品尝这种蘑菇，它就是在我这小屋旁边的森林里采来的。（我们一边吃，他又朗诵起一首俄文诗……）我这首诗里写的就是这蘑菇。我知道它的英文名，但我知道它在中国、朝鲜也有。

杨：我最爱吃蘑菇！不过不知道你这是不是"魔力蘑菇"？吃了会不会上瘾！中国菜和大自然关联密切，一根葱长在地里是自然，放进锅里就成了文化。中国古诗也是这样。但我觉得，它总被人误解。可能因为诗里充满了自然意象，又经常描写风景，于是被人称作"自然的"诗歌。但哪有什么"自然的"诗？诗歌形式，尤其七律那样用平仄、对仗严格"立法"的形式，是极端的人为！只不过极端到令你忘记形式、恍若天然的程度。谈现代中文诗和古典诗的创造性联系，不触及怎样重新创造形式，等于什么也没谈。这一点上，聪颖伟大如庞德，也未能免俗。他从中文里采集到了"意象"这只灵感蘑菇，却扔掉了形式的其他层次，特别是那形式内涵的美学和哲学思想！真遗憾！不过我得说，绝大多数中文诗人犯的错误一样！中文古诗这只鲜美无比的蘑菇，还长在森林里，几乎没被采集到呢。古诗真正的精美之处，还在被忽略，还没和我们相关！落到实处，还是这句话：蘑菇得放进锅里！

米：但有时候，诗歌进行自己辩驳，自我辩护。

杨：当然难度也是一个问题。迄今为止，没人能说清什么是中文的语法。它的语言学功能、美学功能仍很神秘。不仅如此，它的形而上思维，隐含在语言背后（米：**语言之上！**），是的，之上，它的哲学思维如何进行？联想如何通过意象建立那个思想空间？甚至穿过潜意识影响和控制我们？太神秘了。这给中文诗人的自觉造成了很大障碍。

米：有些诗歌就是神秘的。我不知道，可能一种连接就发生在那个神秘空间之中。我的问题是：你是谁？只是一种精神。就像有些人说的。这精神，就是存在，创生和毁灭的存在，和时间一起。（*米逐渐进入一种"布道"语调*）这精神，是一种存在而不具物质力，或者它有它自身的物质力量。这精神，来自于或展示一种和上帝的关联。这精神，显示肉体不可能理解上帝赐予的寂静明亮的灵魂永不磨灭。这精神，让忍受的一切归于一个不存在的大海。它孑然自在。它连接着全部被迫发出的哭泣、梦，那就是你。你的身体，你的灵魂，和眼睛。

杨：很美。（*安娜：真的很美*）记得我们说过，最切近的现实，就是我们的身体（米：*是的*）。最神秘的世界，就是我们身体内的世界。这比人们说的外太空神秘得多。隔着一层薄薄的皮肤，就是那个纯粹的黑暗，我们永远摸不到，进入不了，只能想象它。

安娜：也许诗歌知道。

杨：但那可能已经变成了别的东西……回到诗，当您要写一首诗，怎么决定它该是俄文还是英文？

米：我不知道。这就是神秘，对我来说很神秘。但另一方面，对我来说不存在俄文或英文，只存在诗。诗写它自己。

杨：写下语言之前，诗人总是能先"听到"那首诗。它的音乐感先于语言进入身体，像一个冥冥中的向导，语言跟着它，去组合视觉和思想。

米：是的，就像中国传统中，"道"的声音。

杨：我总是返回起点。最近半个世纪以来，中国传统文化已成废墟。在对诗歌形式的理解上，这表现得特别明显。中文诗歌形式建立在统一的文字基础上。而这"统一"书写文字，是各地方言之上一个人工发明的层次，和日常语言没有关系。从南到北，中国的方言天差地别，堪称外语。但人们只要书写，立刻可以沟通。文学诗歌形式，甚至整个所谓"中国文化传统"，仅仅以这文字系统为基础。它不建立在某个方言的发音上。这构成了和俄文诗歌传统的很大区别。

米：如果念出声音，各地人们能互相理解吗？

杨：如果拿着文本，人们可以看见，理解没问题。如果只是听方言朗诵，要全懂得那声音很困难。但也因此，我对中文内的不同层次感兴趣，我觉得可以从中汲取思想和创作的灵感。我希望，通过当代自觉，有意识打开这三个层次：方言发音，书写系统，文学形式，重建我称之为的中文"形式主义传统"。我不得不说，像你这样形式严格的诗作，在当代中文诗歌中，还不存在。古典中文和古典诗歌形式，结合得完美无瑕。但当代，从太稚嫩的现代中文到太粗糙的文学形式，还不能构成新的美学整体。更大的挑战来自价值标准。在古代，诗人们可以用同一个形式写诗，而且同一个形式可以跨越千年，诗作的相同规则，让他们能立刻判断质量高下。但当代，当我们为每首诗发明一个形式，怎么比较？拿什么标准判断？是不是干脆放弃判断？那么文学还有没有信誉？或仅仅以市场的品味为品味？这些问题非常苛刻。更多选择，反而更加困难。

米：形式创造自身。我不寻找我的诗歌形式，但诗歌形式寻找我，发现我。

杨：这当然是很美好的说辞。可事实上，诗歌被你所写。即使形式找到了你，你也得同意、认可它才行呀。

米：比如席勒写各种文体，写散文，但他的诗作是歌曲。我的诗也是歌曲，甚至我的英语诗，也是俄国歌曲。

杨：那非常困难。

米：但那就是我的天性。

杨：可能你在不同语言里，是不同的诗人。

米：很可能。我的立陶宛译者，从我诗里选择不同的季节、不同季节的颜色，作为音调串联作品。你的作品中也有不同音调。俄语诗歌中有不同的丰富性，你必须感受到这丰富性。

杨：就像你个人的国际诗歌节。

米：我可能不叫它"国际"，我叫它和声语言。

杨：你选择的可能很大：不仅可以选择同一种语言里的不同形式，而且可以选择不同语言里的不同形式。这很特殊。这儿有另一个问题：你的英语诗，应该算英语诗传统的一部分，还是俄语诗传统的一部分？

米：我真的不知道。我不能确定。事实上，我并不知我的英语诗，是不是真能算英语诗歌？它们可能只是看上去象英语诗，但是否就是英语诗？我不知道。

杨：今天，我可没看到哪个英语诗人像你这样写。也许叶芝的时代，你可以在英语诗人中找到更多同道。

米：他们有他们的麻烦。我有我自己的麻烦。

杨：如果你能有办法把两边的良性因素结合到一起，那就精彩了。

米：我不在某一边。我据守我的书桌。

杨：遗憾的是，我没有另一种写诗的语言。

米：这增加了困难。

杨：是的。但另一方面，我们的生活、对世界甚至外语的了解，又比以前大大丰富。这又是一种难得的机遇：携带着巨大的中国历史，用我自己的创作，建立一个"我自己的中文诗歌传统"。

米：但你有这样的可能性？或没有？困境和机遇总是相连，特别在你这样的情况中。

杨：自从我抵达莫斯科，我得承认，我深受感动。不仅是诗歌节的活动，甚至在酒吧和年轻人谈话，我都能感到一种很强的能量，人们仍然对文化、诗歌付出巨大关注。这个世界，对经济谈论得已经够多，物质已经充斥了生活。但这种关注文化，构成了人的、我们诗歌的地基。

米：我的英文著作的书名是《与无相关》。"无"就是神。神不是某一件东西。

杨：完全同意。神或诗，都无法被物质标出。

米：单纯物质是贫困的。

杨："道"从来不认为有简单的物质，物质总是体现"道"，因而贯穿着人对它的理解。

米："道"应该是常道，真道。一种更高的真。

杨：《道德经》的开篇两句，一举到位，直触语言的限定、人的限定，直接点明了我们和存在的关系。这个核心始终在那儿，像"同心圆"的圆心，让你总在离开和返回。这就是深刻。

米：前几天新西兰大使馆给你开的招待会上，我朗诵了一首我的诗："涅瓦之名"。涅瓦大街的名字，来自于涅瓦河。河流带着它的历史、记忆，与海洋的对话，加入街道和人群，直到河水在人群间流淌，而人群成为波浪，加入海洋对话。这样的诗歌，对翻译构成很大困难。

杨：翻译高级诗歌的困难，在于原作的形式给翻译提出了很高的要求，译者必须面对这挑战。最遗憾的就是读到忽略了这高级挑战的所谓译文。译者或者走捷径，只挑选容易翻译的东西，或更糟，把原作的难度"改掉"！这类"降低"就是不道德。如果我是译者（幸亏我很少是），我会憎恨翻译那些简单的东西。

米：我们应该试着努力互相翻译。

杨：我认为诗人互相翻译，是一种最好的分享。这可以把最佳能量，聚焦到真正的关注点上。我想试试把你这首《涅瓦之名》翻译成中文，再介绍一位新西兰诗人把它译成英文，同时把俄、英、中三个版本放上新西兰的"电子诗歌网"，会很有意思。谁知道呢？这可能是一个大规模三语交流的开端。我还想问个不同的问题：你觉得苏联解体后，俄语诗歌发生了什么变化吗？

米：是。有变化。我不会因为这首诗被惩罚了。我在流亡中长大，但虽然如此，生活并没有变得比苏联时代容易。苏联时代，我的翻译可以获得更好的稿酬。但我自己的诗作却不能发表，除了很个别的例外。

杨：那时，你有些朋友可以分享你的诗作吗？

米：当然有一些。但我更愿意住在这座小屋里，和大自然呆在一起。我的诗和风景连成一体。离开了这片风景，我无法生存。

杨：我记得你邀请我来这做客时，用的词汇是：来我的"定居点"。很有远古味道。

米：我旅行，作为访问学者、访问诗人、客座教授，我去过很多国家。但我必须住在这里。"住在"，就是说我必须回到这里，这间小木屋，这片大自然的风景中。

杨：我在中国时完全一样。我也有一间小屋，被我叫做"鬼府"，那是我的小木屋，因为我能出游而且回来。我送给你的这首长诗（《乂》读音"YI"），就是在那里花了五年时间完成的。这首诗，从结构形式、到语言音乐，直到总标题那个我自己造的汉字，如此深刻地和中国大自然、历史、传统结合在一起，以至于我不能想象住在国外，而且很干脆地拒绝了我爸爸"学点英语"的建议。但突然我发现，我被抛出来了！（米：**一个完全相同的系统！**）就是。那是个很可怕的感觉：能继续吗？是停在这儿？还是挣扎着再生？怎么再生？很困难，但我还是强迫着自己转换过来了……那么，暂且放下政治，就诗歌写作而言，你觉得苏联解体之后，发生了什么变化吗？

米：就我个人情况，没什么变化。我的生活一样，我的诗歌一样。发生变化的是另一些诗人，例如叶甫图申科，或者沃兹涅辛斯基，他们的状况彻底变了。我却依然如故。我不能理解这类外在变化，怎么会影响我的诗作？

杨：很有意思。因为很多人问我：出国前后诗歌写作有什么变化？（米：**多愚蠢的问题！**）真蠢！那问题其实在问：我在中国的创作是垃圾吗？我想过以后的结论也是：没有变化。因为诗歌表达的是处境的深度，而不仅仅是政治情况。国外经验也是人的存在，它恰恰在检验和证实我的思想和作品。

米：中国在你的作品里。俄罗斯在我的作品里。

杨：完全正确。甚至中国只是我的一部分，我和我的诗，应该包括更多的思想可能性。那个词"流亡"，其实是中文诗歌中最古老的词汇之一。两千三百年前，屈原的诗作中，让我最亲切、最熟悉的就是这个词。它已经把诗人永远的命运写定了。哪个诗人不在流亡？我们何时不在流亡？直接体验流亡，决不是一个转折点，它唯一的意味是要求你更深、继续。当然，如果你原来很差，那现在可以学，只不过得说明，并不是诗歌写作发生了"变化"，因为你原来根本没有诗！

米：真的俄罗斯、真的中国，就在诗歌里。中国是不同类型的诗。

杨：可能。

米：至少是不同篇幅。

杨：很有意思的是，观察诗人如何发展自身，而不受社会、物质这类肤浅的因素的影响。事实上，这也是对所谓冷战时代文学的最好回答。背景和语境的变化，并不构成诗歌、文学价值观的改变，反而构成对以前作品的一个检验。它们是否够深刻、够精美，以致经得住外在环境的变化？

米：正是如此。

杨：我很喜欢这个结论。

米：这取决于诗人，也在衡量诗人。

杨：包括来自别人、外国的误解在内，其实都不重要。重要的只是自己创作的质地。

米：正是如此。

杨：您阅读西欧当代诗人的作品吗？

米：当然。鱼找鱼，虾找虾——诗人也一样。

杨：除了诗歌、翻译，您也用别的文体创作吗？

米：小说。我也写很多文章，讨论文学、文化问题。我的长篇小说，写的是 20 世纪俄国精神生活，还没出版，我出版社的编辑说太贵了，可能明年考虑，总是钱的问题。不过，对俄国，"明年"就像"未来"，似乎无限遥远。

杨：不过，在你们 60 年代开始写作的的一代人中，你似乎也是一个特殊人物。

米：是的。不过那一代作家中，除了年龄，简直找不到共同之处。他们比我更老（杨：更像老版本意识形态化）。

杨：那你怎么在漩涡中保持稳定？

米：靠我的天性，加上大自然的支持。对于我，不是我被时代改变，而是时代随我而变。

杨：很好，这就对了。当那些热门政治人物热闹着，你做什么？冷眼旁观？

米：对。冷眼旁观。我说，在我们的国家，没有政治变化。国家同样。我不知道中国的变化，是真那么巨大？或只是发生在纸上？

杨：中国的变化确实巨大，但并不都令我高兴。一方面物质加速富裕，另一方面人的灵魂明显贫瘠，完全丧失平衡。我希望，这是一个过程，朝向重建文化结构。但现在，我唯一能保证的，是我自己怎么做。

米：继续。

杨：是的。继续。

米：你能被理解吗？诗人们能理解你吗？

杨：实际上我不在乎。今天的中国，可能是我的诗最孤独的时候。就像你的六十年代。

米：是的。

杨：当大家都朝政治舞台蜂拥而去，你呆在另一个方向上，诗歌的、艺术的、形式的、人性永恒处境的方向。

米：被封闭了。

杨：但我真的喜欢这感觉。我认为这是一种证实。

米：我也这样认为。

杨：公众品味是诗歌的对立面。我得用我知道的唯一方式，继续。

米：我们的社群、我们的教会，和我们在一起。我们也和社群、教会在一起。

杨：当然，我有时也很渴望深刻的对话，来建立共识，或许"共识"一词不准确，我想说"分享"，甚至在不同国家的独立思考者之间，分享一种理解。

米：你比较喜欢哪个英语诗人？

杨：当代诗人很多、很不同，不容易单选一个。如果包括 20 世纪在内，我觉得叶芝对我来说是最重要的诗人。我指的是诗作本身，而不是像艾略特的思想、庞德的创造性诗歌观念。

米：啊，叶芝。对我来说也是。

杨：叶芝的精神力量，特别是他晚年的短诗，越写越好，越写越深，思想之浑厚，形式之精湛，罕有其匹。他给诗人经历漫长进化，终于达致高级的"成熟"一个最佳案例。

米：你知道吗？有人就把我称为"俄国的叶芝"！

杨：赫！我不知道这个！就在这次我来莫斯科前不久，我曾在爱尔兰叶芝的故乡斯莱歌，参加一个诗歌节。在那儿，叶芝诗中许多形象，例如本贝尔本山，都活现眼前，真的很感动。尤其他《愿景》一书中看似光怪陆离的超现实的想象世界，只有到了爱尔兰，才发现那就是人们的日常生活。在斯莱歌，向任何方向抬眼望去，山顶上都有小小的石头堆，那是四千年前凯尔特人的石墓。

米：你用中文读的叶芝？

杨：是的。但翻译不都理想。我很想有机会也翻译他几首诗，就几首，但让语言和形式都精美无比！创造一种极致的翻译。

米：嗯，翻译也是一种创作，而且是很高级的创作。我曾经翻译过不少印度诗歌（杨：真的？印度诗?）真的。而且那些翻译对 70 年代苏联诗人影响很大。一位在美国读过书的俄国诗人巴尔什科夫对我说：你那些翻译帮助很多年轻诗人从社会主义现实主义中挣脱出来。

杨：我开始写作的时候，我们那些年轻诗人受到翻译诗的巨大影响。例如，我最早读到的八首波德莱尔的诗，堪称我的诗歌启蒙！这些诗是中国上个世纪 40 年代很有名的女诗人陈敬容翻译的，她很像阿赫马托娃，在遭到政治批判后，不能发表自己的创作，只能做翻译。我记得其中一首《黄昏》，形式上的叠句循环往复，一唱三叹，真是深邃优美！

米：你也读过法国诗人保罗·瓦雷里？我也翻译过他的诗。

杨：当然。我很喜欢他的《海滨墓园》！

米：反过来，西方读者是否能够理解你的诗？

杨：有些西方诗人对我作品的评价很精彩，例如英国/苏格兰诗人威廉姆·赫伯特的句子："像麦克迪尔米德遇到里尔克，还有一把出鞘的武士刀！"这样的诗歌批评，即使语言本身，也是诗。当然，我作品中有些层次，例如深入汉字的、在观念和实验性上走到极端的层次，我想对他们就太难了。但我还是必须走到那儿，因为诗歌的内在要求到了那里。

米：你怎么能旅行世界，参加这么多诗歌活动？经常有机会和别国诗人做这样的对话吗？

杨：西方的文学活动系统比较成熟，一旦它们邀请你，会付你路费、朗诵费等等。

米：啊，他们总喜欢用"伟大的"、"伟大的"、"伟大的"这些词……

杨：有时是这样。所以，我觉得我们这样的对话很重要。这样的深度交流，在给世界提供判断的依据。我做这些对话，是一种"个人思想、诗歌项目"：我觉得不该浪费这种环球旅行的机会，于是

精选了一些谈话对象、一些对话主题，让诗人之间的

思想发生碰撞。这感觉很美。因为我发现，不同现实、语言、文化间的诗人，只要对"诗"关注够深，交流起来毫无困难，简直像一家人。最常见的感叹是：相见恨晚！这让我和南非诗人汴庭博提出了一个精彩的标题："唯一的母语"——诗歌是我们唯一的母语！我觉得，在全球化时代，这种跨文化的诗人交流很必要，因为它们给世界提供了一种最深刻、最美丽的思想交流模式。

米：是的。我同意。

杨：还有，诗歌本来就不该发生在公众场合。李白、杜甫之间的私人唱和，多么刺激多么美好，既是友情又是挑战，结果是我们获得了千古杰作！这种对话发生在私下，这个形式也很重要。公众场合对诗歌的进化毫无益处。

米：俄文说：我开了个晚会，可我没时间参加。还说：我把客人们扔在板凳上。不过，我太老了，不喜欢板凳……

杨：哈哈。好玩！英文有个说法："拆掉十字架，我要那木板！"

米：在俄国，我是"自由的教授"。

米的妻子：他很喜欢年轻的女孩儿……

杨：啊，这不难理解……回到主题，不管西方怎么看，你对今天俄国的诗歌满意吗？

米：我理解不了今天的诗歌。今天的俄国诗歌很糟糕，再也没有神秘……

米的妻子：他说现在是他最后的爱情……

杨：最后的？这个"最后"是什么时候？

米：现在，就是现在。

米的妻子：但是他又有了新的爱情……

杨：啊？什么时候有的？

米的妻子：两年前，和更年轻的……

杨：那你写了很多爱情诗吗？

米：不过她们在美国的大学里。

杨：哎呀，你真是个危险人物！

米：这样更健康些是不是？

杨：那在俄国呢？是不是可能有年轻的情人？

米的妻子：他说，我必须有爱情……

杨：所以你宽容他？

米的妻子：是啊，要不有什么办法？

米：这是她的任务。她是诗歌的受害者。

杨：当我们想，这是个固定的系统，可那还是很伤害人的……

米：你读过俄罗斯文学，你理解受害者……

杨：唉，每件事都有反面，诗歌、爱情都一样。还是谈谈俄国诗歌吧。

米：当然，还是有好的俄文诗人。有数的几个。艾基是一个好诗人，他也在新西兰大使馆为你开的招待会上。

杨：我觉得，你的例子很重要。长期以来坚持诗歌本身的价值，而不追逐社会人物的虚荣，这给其他人、尤其年轻诗人一个榜样。当叶甫图申科们已经退出诗坛视线，你却成了"米库舍维奇学派"的旗帜。这说明，诗歌的真生命、真价值是存在的。它必须穿过时间。这只诗歌蘑菇，得放进锅里，还得耐心烹调，但它是美味的！

米：我同意。目前俄国诗人主要为生存奔忙，没时间顾及诗歌，没时间钻研诗歌，但离开了钻研，没别的路能进入诗。

杨：诗人当然都有某些天分，所以开始写诗不难，但如果真想在这条路上走得远，真想成为伟大的诗人，就必须以古典杰作为背景，那你非钻研不可，非极端专业不可。诗不可能一蹴而就！

米：但这背景不能从外面获得，只能自己去学习。

杨：我喜欢自我教育的方式，建立自己的知识结构。我的学历是高中毕业，但通过诗歌写作，自己提出问题，自己组合知识去回答，已经走了很远。最重要的一点，这让我躲开了中国大学"教育就是控制"的命运。

米：我的诗不好懂，没有深厚的俄国文学、文化背景，很难真正理解它们。但我希望你我之间，可以更多交流，我们可以互相翻译。

杨：我也这样希望。我们是两只蘑菇，在不同的树林里长大，但都带着泥土的美味、古老传统的美味、诗歌真价值的美味。无论时代怎么变，这美味会存在下去。所以，我们继续吧——把蘑菇放进锅里！

关晶晶 作品,《无题11-07》

中欧 / 斯洛文尼亚：

与阿莱士·施泰格尔对话
本地中的国际：方言写作

本地中的国际：方言写作

——与阿莱士·施泰格尔对话

杨："方言写作"是一个主题，但我们对此的讨论，有两个极为不同语言背景。斯洛文尼亚只有二百万人口，却又好几个方言有自己的词典，就是说有不同的方言书写。中国有 13 亿人口，成千上万方言，却只有一种基于普通话的文字，无论一个人来自哪里，"写下"就在纳入那个大一统的书写。所以，2009 年，当我们在迪拜开始了这个关于"方言写作"的对话时，就戏称这是大象和老鼠的一场游戏。但思想与参与者的大小无关，象鼠之间，这次大象要向小老鼠学习。2009 年的一个想法，到 2011 年，已经变成了现实，先在斯洛文尼亚的卢比雅那，后在北京和成都，我们相继举行的两次中国、斯洛文尼亚诗人互译、对话，层层递进地逼近了"方言——写作"这个主题。中国的参与诗人例如杨小滨、翟永明和我都在尝试用自己的方言"写"，更准确地说是"发明"——"发掘"

存在于方言中的古老表达方式，并把它创造成一种新的诗歌书写。我觉得这很刺激很兴奋。在北京798的尤伦斯画廊，我已经朗诵了包括四个被发明的汉字和一部小词典的《方言写作》，杨小滨朗诵了我听不懂的"沪语诗"，这大概是两千多年前秦始皇统一文字以来，第一次公开、正面的"方言写作"，它是诗意的，也可以称为政治的，因为它在强调每个诗人的语言自觉。你怎么看这个问题？

阿：现实是诗歌的语境。中文诗人们的思考和工作，与斯洛文尼亚诗人有所不同。我们面对的问题是，一方面要去创造一种建立在方言上的语言，但不是一种新的书写形式。另一方面，我们特别渴望通过和中文的交流，通过翻译这个古老神秘的语言，获得新的创作激励。不仅把每首中文诗翻译成极为美丽的斯洛文尼亚语，而且把焦距对准我们自己的语言，把它变成我们自己的"方言"。就是说，从翻译再深入一步，发现某种"个人密码"、个人表达方式，非常独特地运用于每一件作品。这个想法，给我们展开了创造思想上的自由。现在，我在想，为什么我们要让写作进入到方言层次？在斯洛文尼亚，方言被认为是一种"二等"语言，不如正式斯洛文尼亚语重要。通过我们在北京朗诵后的讨论，我发现中国的情况同样。中国诗歌传统中一些非常复杂的内容，很难用方言表达，这构成了对中文诗人的挑战。

杨：你认为这是方言的问题，也就是它的本地性，不能或不够表达当代生活的复杂、甚至当代思想、哲学呢？

还是因为方言写作仅仅是一个开始？过去的作家，眼睛主
要盯着所谓"中心"、所谓"主流"，忽略了方言的独特和
深度？就是说，不是方言的问题，而是作家、诗人的问
题？回到中文的例子，在 20 世纪初，当中国人刚刚试图
挣脱文言文，用白话文写作，白话文也曾是一个过于幼稚
青涩的语言。那时用日常口语写的"新诗"，真是极端苍
白可怜，尤其相比较于中文古诗，就像个乡下乞丐站在衣
饰华丽的贵胄身边。但将近一个世纪之后，白话文诗歌几
经轮回，重新获得了思想的深刻、文字的精美。它一方面
重建了和古典杰作间的血缘联系，一种灵魂上而非形体上
的联系；另一方面，也和西方以至世界诗歌衔接，在观
念、美学、语言学层次上互通，甚至提供给它们灵感。终
于，白话文——普通话，发育成了一个成熟的诗歌语言。
你不认为现在刚开始的方言写作，也会经历同样的历程，
在将来臻至成熟吗？

　　阿：是的，我相信这也会是方言写作的经历。方言写
作经过发展，会像"官方"语言一样强有力。意大利诗歌
就是个很好的例子。在那里，用方言写的诗，和用意大利
语写的同样重要和精彩。我刚才说的，是想强调，任何一
个严肃的传统，可以被用作一根拐棍，帮我们走过这条小
径。要想不仅创造一两个词，而是为方言创造全套词汇、
整个语言，是件极端困难的事儿。你们已经走了一步，斯
洛文尼亚诗人也会做，一定要做。对我来说，这个项目不
会到成都为止，它正在继续，而且还要继续，直到中文诗

歌被翻译成斯洛文尼亚语，翻译成不同方言，甚至个人的语言。

杨：方言一词的真正指向，其实正是每个诗人的语言自觉。这个"个人语言"，应该把国家层次、地区层次涵括在内。这才是目标。我还想到一个有趣的例子，好多年前，我在荷兰鹿特丹国际诗歌节，遇到一大群用英语写作的非洲诗人，我问他们一个问题："你们觉得，用殖民语言表达自己，够吗？"可惜，我得到的回答让我失望，他们差不多都强调说自己本部落语言的人太少，换句话说，用英语写更有市场。但再问那部落的人口？经常听到是几十万上百万，就是说，等于一半斯洛文尼亚人口！后来，我读到一篇文章，提到尼日利亚诺贝尔文学奖得主索英卡说，每个非洲作家至少应该尝试用自己部落的语言写一两部作品，哪怕仅仅为了比较和殖民语言的区别。我对此大为赞赏。可再后来，我在迪拜国际文学节遇到索英卡本人，交谈中才发现，我其实"发明"了他的说法。他本来说的是，要以斯瓦西里语为基础创造一种非洲"普通话"，既不同于殖民语言，又不仅是各部落语言。可我出于对中文普通话束缚的感受，一厢情愿地极端化了他的说法！但尽管有些误解，这个主题仍然是重要而有趣的。

阿：这里有一个问题：你是在创造一种全新的语言呢？还是在抓住一些已经存在、但未经充分表述的东西？这两个层次，当然不可能完全分开，但也确实有所不同。这对我们的项目太重要了。因为，我感到，斯洛文尼亚这边，诗人们主要倾向于那种对"个人化"的追求，独唱音乐会。但我所理解的你的想法、你希望中文诗人所创造的语言，也可以被其他人使用，将是一种真正的语言。

杨：确实。对于我，这个项目的魅力，就在于发现这个介于国家和纯粹个人之间"方言"层次。诗歌是个性化的，那当然，从"新诗"诞生以来，每个诗人也都在这样做。但，方言是内在于每个人里的一个层次，思考它，其实在挑战自己对语言的敏感。这是极为个人的行为。例如我用北京方言写的《方言写作》一诗，完全是极端的个人创作，甚至该说是我观念和实验艺术的一部分，但我也想验证它，看我对这个独特语言层次的开发，是否能被别人接受？就像再个人的诗歌创作，也有个读者问题，不论多寡，而在深浅。我的其他实验性写作，走得比方言写作远得多，例如我的《同心圆》第五部分，把一个"诗"字拆解成言、土、寸，再把它们各自发展成一个组诗，直到三个组诗组成"一个字里的世界"。我觉得，相比较于这样纯个人的实验，我们的项目更有难度。别人能够参与、甚至评判你"发明的"方言，这构成了对诗人的压力。我们在北京的讨论，也证实了这一点。方言是一个被忽略的语言层次，但忽略不等于不存在，一旦它被唤醒，就进入了你的、以及别人的意识。

阿：我觉得它在语言的记忆里，构成了一个很不同的方向或维度。你看，我生长于斯洛文尼亚一个小村子，我从19岁就已经离开了那里，但我自童年就说的方言，始终跟随着我，它已经伴随了我大半生。而你的案例，更加极端，你已经离开了北京甚至中国很长时间，你返回，但不居住在这里。所以，你创造这个个人化"方言"的方式，几乎是一种个人神话，你把声音给予一个无声因而无名的语言层次，它简直就是一个斯芬克斯。它存在却不言语。一个沉默的提问者，或者它就是问题本身。我觉得，我们的项目如同一只伸出的手，触摸到了那尊藏在我们自己声音里的石像。

杨：好像我们在给语言创造一个未来的记忆。我在我的《方言写作》一诗中，发明了四个汉字，又记录下若干只存在于北京方言里的句式，因此不得不在诗作后面，附上一个几乎和诗一样长的小词典，这是"记忆"或"过去"，因为它们存在在方言里，但又是"未来"，因为以前从未出现在书写里。正是这复杂性构成了难度。在北京画廊里，我们讨论过这问题，看来一些中文诗人不相信方言的普遍诗意表现力，他们觉得方言只能用来表达和本地题材，本地故事，本地生活，等等。但我那首诗，恰恰在写当地的同时写普遍，"当地"到甚至不是北京，而是我老保姆当年住的那条小胡同，板桥二条，那个 15 岁的小男孩，那个邻居小女孩，那胡同尽头的积水潭"河沿儿"，那枚我们坐在门槛上看到的月亮……这是一条小胡同的乡愁。所有这一切已经随着北京的改变而消失，如今我只剩下了想象。我的过去，只能变成一首刚写下的诗，在那里被重新找到。这是为什么，方言在这里，既是内涵又是形式。语言的深度，正是诗意的深度。我甚至认为，在这里，方言与普通话并非部分和整体的关系，而是要反过来看，方言变为主动，它在筛选原来以普通话为基础的那个历史、那个传统，把它"改写"为自己的历史和传统。诗的结尾，那个远远嫁走的小女孩，回眸一瞥中满含怨意，包含着两千多年没法说出和哭出的痛楚。那正像你在《回家》一诗中写到的，漂泊者从一面古老镜子里看到的一瞥，有趣的是，我们都用到了"一瞥"这个意象，一道视线，短暂地、又是永远地留驻在那儿。我们总是用同一件作品，既返回又出走，回到更深刻的家，就是敞开更广阔的家。

阿：诗歌正是这个工具，可以超越局限，抵达普遍。几年前，我的第二本诗集出版后，有些人评论说："我不知道阿莱士是不是能写斯洛文尼亚语。他写了些好作品，但那不是斯洛文尼亚语"。他这么说，因为我特意使用了一些我自己的词语组织、一些特别节奏，它们以我的方言为基础。比如你翻译的《回家》，它的表达方式，在我故乡的语言里面就特别有效，而有别于普通、普遍的语法规则。在这里，和你刚才说的很相像。不仅是题材、主题和形式的区别，而是语言内涵着主题。我试图回忆起那个隐含在某处的层次，语言学意义上的层次。这或许也和中文构成了区别。在中文里，你们或许一定要刻意写本地题材，为了创造某种新语音，从而创造新字，连接上方言肌理。

杨：听到那种对你的批评很有趣。看来世界到处都一样。人们很喜欢用一种"群体性"否定个性，例如这是或不是"中国的"、"斯洛文尼亚的"等等，似乎有人有权作此判定。那些人不一定是坏人，但这种简单概括，说明人们的思维多么不清楚。更重要的是，建立精确语言的自觉，多么不容易！我发现，要突破这困境，不能只停留在观念讨论上，而应该去做，去写诗。在写诗过程中，一层层揭开语言，接触、发现隐含的层次。在北京，我感到中文的方言写作，纯粹是一个开始，一个极为初级的起点，却已经构成了一种实验艺术！例如我的北京方言诗，杨小滨的《沪语诗》，胡续冬用重庆方言写的诗，他的案例更有趣，因为他并非重庆人，那几乎是一种"外语写作"！这些直接用"方言"写下并朗诵出来的作品，比用普通话写下而用方言朗诵出来的，在诗意和语言的关系上，要"合适"得多，"配套"得多。当我看和听这些作品，要"舒服"得多。而那些用普通话写、用方言念的诗，则能清楚感到有裂缝、有分离，不舒服。好像从写到念之间，有一条壕沟、一道山涧，你得拼命跳过去！累！我不想说好和坏，因为目前一切刚开始。我想说，仅仅不久前，"中文"一词，对中文使用者来说就是天下，就是宇宙。它已经包含了一切。但突然，更多的边界被发现了，打开了，宇宙之外又有了许多宇宙！

阿：我们所做的，和任何对诗歌的商业化利用完全、绝然相反。也和总体上对文学的实用主义态度相对抗。如果有一种所谓"普遍、普及"的诗歌要求，那你可以说，每个人都应该用英语写诗。因为只有这样，诗歌才有大市场，才能让很多人理解，才能卖掉更多。但我们知道，诗歌不是那么回事。诗歌只对自己的语言、自己的国家有效。因此，我把我们的项目，看作对商业化世界的一种反抗。根本抗拒那类想法。

杨： 所谓全球化，就是想统一、简化不同文化。事实上，是简化每个文化的深度。其实，真正的问题，不仅仅在向别的文化打开大门，而是在不同文化的深度间，建立真正的对话和交流。这里，今天全球化的语境，应该让我们加倍意识到每一文化、甚至每一个人的内在深度。它们就像桥墩，在支撑大桥。"交流"就是把这面的思想深度，带到另一面。在"个体"意义上，深度与人口无关，只与思想能力有关。这样，斯洛文尼亚的两百万人口，和中国的十几亿完全对等。我曾说过，没有对各个"本地"的自觉，"国际"就只是一句空话。但"国际"空虽空，却不停给人带来诱惑和幻象，迫使或诱使人放弃独立思考。因此，我很喜欢你用的"反抗"一词。我们的项目确实是一种反抗。它反抗诗歌的肤浅、思想的空泛、对语言的盲目和对市场的屈从。一句话，强调人的自觉。这里的"反抗"，要求很高。我曾和我的中国诗人谈到，其实统一的、与方言发音无关的"普通话"，可以被视为我们自己的殖民语言。书写，成了排斥、甚至打压诗人"本地"层次的手段。今天世界上，我们很容易把英语想象成要"一统"语言天下那个东西，殊不知我们的独立，在遭到不同层次的剥夺。首先是中文之内的，然后才是全球化的。这一点上，其实英语诗人们在也面临和我们同样的处境。他们的诗歌英语，也得被商业化英语殖民，他们也在成为自己语言的被殖民者。

阿：当然，我们也知道中文语言、中国文化在世界上的重要性。尤其现在，从经济到文化显示的活力。包括我们这个诗歌项目，可以在北京、成都举行，并且吸引了那么多诗人参与，这都在证明当代中国的魅力，它不仅在经济上发展了，也在带来文化灵感。这是我们来这里获得的最大感受。从另一角度讲，斯洛文尼亚从未变成地区性权力中心。在历史上，它经常要面对的其他文化强权的威胁。语言成了斯洛文尼亚人坚持文化个性、保有历史经验、维系社会群体的力量。我们像一个会合点、一条通道，让周边的意大利拉丁文化、奥地利德国日耳曼文化、巴尔干半岛的斯拉夫文化、甚至匈牙利和伊斯兰文化，都通过我们互相交流。我们的困境是，如何不在诸多文化的大浪潮中，被冲刷消亡？一代代斯洛文尼亚诗人，大概都有这种危机潜意识，我想，这可能影响了我们对自己哪怕再小的文化资源的重视，例如方言。

杨：这正是我第一次到斯洛文尼亚参加"薇拉尼查"文学节的感受。我突然发现，自己正置身于二十余种中欧语言之间，每一种都分享两个共同点：一、植根的深度。因为使用它们的人口很少，所以它们必须在历史和文化里深深扎根，像树根紧抓岩石一样，否则一阵狂风就会把它吹走。二、交流的广度。它们必须敞开自身，随时准备和周围任何文化交流，在积极互动中加强自己。这两点，缺了哪个都意味着这文化的灭亡。我得承认，我对此很受感动。因为在全球化的今天，这"自身之深"和"交流之广"，也必须成为所谓大语种自觉的内容。中文、英语，都应该向中欧小语种学习你们幸存于世的能力！两千多年前，秦始皇统一汉字，给中国文明建构了一个高于地区性的精神基础。但那前提是，很长时间里，中文确实是地区性文化中心。虽然有北方游牧民族的入侵，但那并未构成真正的文化挑战。相反，他们只要学习了汉字和中文书写，接受了中文思维方式，都无一例外被这语言同化掉。这是中文的力量，却经常被被误解为中国人的力量。这养成了中国文人的固步自封和妄自尊大。也让中国文化终于成了一根锈烂的弹簧，几乎完全丧失了弹性。20世纪中国很多灾难，正是来自这根弹簧极度缺少应对外来外挑战的经验，尤其是面对失败的应变能力。一场鸦片战争，就让中国知识分子集体精神崩溃。20世纪，可以被概括为中国人从失败情绪化里挣扎爬出、重新寻找立足点。但，如果只把商业性成功，误认为精神独立，很可能导致致命后果。以前有句话"穷得只剩下钱了"，要小心得意洋洋地沦为精神贫民。

阿：我接着上面说，在斯洛文尼亚从奥匈帝国独立后，在斯洛维尼亚语成为我们正式的书写语言之后，我们也找到了自己的统一化、标准话语言，就像我刚才说的，也有人用"不是斯洛文尼亚语"来批评和否定个性探索。我们也得再次寻找突破群体化规定的能量。记得你曾经说，我们的"方言写作"项目，是中文大象和斯洛文尼亚老鼠之间的交流，我却觉得，虽然是老鼠，我们可也感受到了大象的重量——不同大小，但同样控制性的思维方式。

杨：中国人说"麻雀虽小，五脏俱全"。大象和老鼠，在群体对个体的关系上，有同一结构。不过，我还是发现，"危机感"这个词非常重要。斯洛文尼亚置身于周遭文化强权之间，只有抓住一切精神资源，维系自己的精神独立性。

阿：是啊，例如斯洛文尼亚语之内的不同社区，就在互相比较中，给"斯洛文尼亚文化"增添了很多内容。我们同时是斯洛文尼亚诗人，又是有些许不同的地区性诗人，在区别中，让斯洛文尼亚语诗歌变得丰富。

杨：这也是一种"反抗"。在自己文化之内，通过不同本地构成对"小一统"的反抗。我认为这重要性，并不小于反抗外来文化威胁。中国文化的"黄金时代"在先秦。为什么称为"先秦"？正应为那先于秦始皇的统一，或者说，那处在中国文化仍拥有内部竞争和挑战的时期。大到战国七雄，小到更早的周朝分封各国，语言融合各自的自然背景、历史传承、甚至生活风格，各自发展。看看《诗经》里那些各国之"风"，就知道当时的中国多么丰富多彩！另外，对我个人特别重要的，还有以大诗人屈原为代表的《楚辞》，那堪称中国诗歌传统中一个绝对"另类"的传统！大思想家的史诗传统！它超越西方的线性叙述史诗，而以空间结构包容时间，"共时地"把握人类根本命运。请注意，各国之"风"，和楚"辞"在称谓上的区别。如果"风"主要是口头说唱，"辞"则正是在强调文字、强调书写！《楚辞》就是楚国的书写。它随着楚国被秦国灭亡而式微。秦始皇政治上毁灭了割据各国，文化上也消除了我们可能的内部挑战，直到这种地方文化意识，在汉代董仲舒独尊儒术之后，彻底被取缔。我看到，屈原的"天问"精神，先秦诸子百家的独立思考、特立独行，经历了和地方性书写语言一同消亡的命运。这一定不仅是巧合。那么，我们今天在做什么？只是一个异国情调的诗歌游戏吗？还是一种对自己传统的反思？在追问自我中，既反抗自我的惰性，又激活自我的活力？屈原既孤独又幸运，他的天问精神，历经两千三百年而极为"当代"，第一次被读懂，且成为我们最深的精神资源！

阿：不过，我看到汉字还活着，还在传承一种更深的文化，一种精神……或许，在中国也像在斯洛文尼亚，以地区社区代替地方权力，保持了某种独立。

杨：很不容易。因为中央权利拥有对文人的绝对诱惑力，更通过科举系统刻意加强之。而社区例如乡村绅士阶层，则弱小太多了，所以古往今来，真正能坚持和中心权力保持距离的文人，少之又少。事实上，20世纪满清王朝结束后，各地开始出现语言自觉，如用江苏"吴语"、广东"粤语"写作的文学等。事实上，"五四"运动中很有人在提倡中文拉丁化，用拉丁字母注汉字之音。我很庆幸那没实现，否则汉字的视觉美感就彻底断送了。我们今天诗歌中极为重要的意象性，也将像英语似的"看不见"了。介绍这些，一要说明中文曾有多激烈的改革冲动，二要强调改革必须建立在对自己语言的深刻理解上。1949年后更强力的大一统，曾打断过这个自觉，但那更反证了自觉的必要性。

阿：你提到屈原的《天问》，我记得你说过，诗人必须成为"提问者"，去突破共同逻辑和规则。

杨：是的，最根本的，是在自己的作品之内，建立"个人美学反抗"。我们的"方言写作"项目，就是要激活个人的自觉。给传统重新找到个人创造性的能源。在中国古代，权力的传承叫"正统"，正统使用的语音叫"正音"。历史上最主要的"正音"，就是"中原正音"。显然，在这里屈原和他的《楚辞》，已经被排除于正音之外了。可是，这种由权力规定的"正"，同时是巨大的限制，它压抑了其他语言包含的可能性。

阿：在北京的朗诵会上，我看到你必须印发你的《方言写作》那首诗，上面有你手写的字，后来我才知道，那是因为电脑里没有你造的那些字。

杨：我这儿的"造字法"，有些依照香港使用的粤语文字，他们的"冇"(Mou)，是"没有"的意思，造字时拿掉了"有"字里面的两小横。一个空了的"有"，就是无。我的"𠳐"字，是老北京人说的"我"，但它的发音是"MM"，闭紧嘴唇只发鼻音，所以我用古典化的"吾"，打叉封闭那个"口"来绘制这个新字，也很有意思。其余三个字，都是形声字，比较简单。我看到，人们接到印着那首诗的纸表情颇怪，但当我把诗读出，沟通起来不仅毫无障碍，而且特别亲切。下面这首杨小滨的《赤佬十四行》，虽然没有造字，但堪称真正的方言诗。我虽然不太懂上海话，但基本可以跟上诗里的意思。不可否认，这是种异国情调，可别忘了，这是我们自己的、被遗忘了的异国情调，或许它本来就是"异国"，可现在必须由一位诗人为我们重新发掘出来！所以，语言里国家的层次、地方的层次，都本质上从属于个人。

赤佬十四行

杨小滨

赤佬拿外滩吃下去了伊讲。先咪一口
黄浦江，再吞一粒东方明珠伊讲。
中国银行忒硬，嚼勿动伊讲。赤佬
霓虹灯当葡萄酒吃醉忒了伊讲。

额骨头挺括，徐家汇胖笃笃像罗宋面包伐？
赤佬勿欢喜甜味道，情愿去舔
像块臭豆腐个城隍庙伊讲。

花露水浓，淮海路湿嗒嗒像奶油浓汤伐？
赤佬吃勿惯西餐，情愿去咬
像盘红烧烤麸个静安寺伊讲。赤佬

大世界吃了忒涨，吐得来一天世界伊讲。

哎，赤佬戆有戆福，屁股野歪歪，

馋唾水汤汤点，吃相勁忒难看，

拿钞票当老垦搓出来含了嘴巴里伊讲。

阿：这种深度对我们当然很困难，因为如你以前所说，"方言写作"本身是一种语言的观念艺术、实验艺术。你还要求我们斯洛文尼亚诗人不仅把这些诗翻译成斯洛文尼亚语，更翻译成斯洛文尼亚方言！这就在我们的项目里，打开了四个层次：被发明的中文方言，普通话，斯洛文尼亚语，斯洛文尼亚方言。我觉得我们像在解剖诗歌交流的内部世界。

杨：确实如此，虽然我们的语言解剖学还没全部到位。我主要指的是，在把我们发明的中文方言诗，翻译成斯洛文尼亚方言的层次上。但这是个可以持续深入的项目，我们可以一步步来。新创刊的诗歌杂志《诗东西》上，已经发表了一些我翻译的斯洛文尼亚诗人的作品，中国读者发现，你们四个人的作品真是风格迥异，我希望我的译文能体现这差别，从而构成我的"杨文"和四种"斯文"（多合适的缩写！）之间的对话。我觉得，你的《回家》一诗，很可以成为整个方言写作项目的点题之作，给我印象特深的，是最后那"一瞥"，跋涉者无论走了多远也走不出的家的一瞥，因为我也是漂泊者，对这"一瞥"极有感触。

回　家

一架精神的扶梯

环绕一盆盆枯萎的花朵

铁锈绽开了

塞满脏衣服和旧疑问

行囊令我蹒跚

门槛到门槛　一场漫漫跋涉

最后四百公里我们缄口无语

这哑默能否持存

抵达之静？

浴室镜子中回顾的

一瞥　我逃了那么远

从未走出它的视线

（诗作 Ales Steger　翻译　杨炼）

阿：我写的就是每个精神漂泊者的内心经历。我想，这是全世界可以互通的经验。

杨：你的语言很精确，选择的意象很鲜明，全无不成熟的诗人过度芜杂的毛病。在这一点上，在把全部柏拉图著作翻译成斯洛文尼亚语、被我们干脆叫作"柏拉图"的 Gorazd Kocijancic 那儿，更加清晰，他的诗作用语极为简洁，但古雅深远，我有时不得不求助于古典中文，以传达那种韵味。

自 在 者

诗——
汝依我命名。

汝之名
游出虚无
像海豚来自
海水
灰蓝的
异域。

＋＋＋＋＋

善
皆为汝。
汝不在，
如无。

汝之名

沁亮，

如海豚

自墨蓝的海水

显形，

如浩淼无边的

暗影。

（Gorazd Kocijancic 原作　杨炼　译）

而 Tomaz Salamun，这位世界上最有名的斯洛文尼亚诗人，则是一位语速迅疾的诗人，他的意象，既超现实、又诡谲地渗透了斯洛文尼亚的地方特色，而且这两种极为逆反的因素，又融合无间！当他突然在斯洛文尼亚语中，加入两句英语，着实给我的翻译出了难题，因为在中文里出现英语太怪，所以征得他的同意，我用斜体加古语代替了英语，也算一种发明吧——不过是在中文里，发明了一位斯洛文尼亚诗人！

化　合

给我你的眼睛，停在我眼前。

夜很诡谲。你煮开

我的肺。里面的液体

发黑了，你像三十万波斯人

齐步走向一株枯

树。你合并我，钉牢我，

溶解，再钉牢我，把手坏了。

有场暴风雨。绿色的盐酸

泼向十万黑蚂蚁。我不停。

树枝刹那燃尽。我灭了？

不在了？我见过花园。湿叶子

先冒烟像大粪堆，而后

动了。巨人的独眼在看。

此为真。吾愚鲁。不再这样。

（Tomaz Salamun 原作　杨炼　译）

　　同样的语言意识，呈现在 Milan Jesih 的作品里，成为一种讲究的新古典形式。下面这首诗，我的翻译不仅注意到原作的韵脚，还考虑到节奏，就是每句的"顿"数，因此在中文朗诵里，它的效果还原得很好。我觉得，在原作和译文之间，这儿是形式本身在对话。

无　题

垂直的墙，雕到天穹，

一块石头放在墙顶，

小小的碎片崩落轻轻，

瞎而小的鹰屎滴下深深。

空中迷失的拱形大厅，

群集希望和记忆的舞女，

而一侧甜葡萄酒斟满，

而送别正午迎迓黄昏。

而别让影像变了又变，

忽然侏儒的脚绊上树根，

挤压夹克口袋里的梨子，

忽然山坳里盈溢着雨声。

忽然惊怕的青蛙跳进；

枝头的叶子飘入一阵风；

泥土破开，裸出狼的头骨；

而始终，世间事从无不同。

（诗作　Milan Jesih　翻译　杨炼）

阿：我觉得，我们最高兴的，不在于已经完成的部分，而在于获得了一个共识：语言的自觉，和一个语种的大小无关，却和语言意识的深浅有关。对于一个诗人，无论他背后站着二百万斯洛文尼亚人口，或者13亿中国人口，他还得自己建立自己的诗歌意识、语言意识，还要自己完成那些作品。这指出了一个方向，一条地平线，朝着"自觉"，我们还在继续这个旅程。

杨：重新发现、甚至发明中文方言写作，是对过去两千多年中文"统一化"的逆反。不再仅仅是地区性朝向中心，而是中心向地区性分解。这是语言的、也是现实的行动。这和全球化环境唤起我们的语言自觉相关。诗人的参与，可以使这进程更深刻、更精美。要做的事情太多了，我们目前的方言写作，还仅仅在尝试使用方言词汇，而几乎没触及更深层的语法关系，那才是思维结构的基础。

阿：地区性、方言不是狭隘化，而是追求精确。

杨：甚至更锋利，在追问自我的意义上。全球化是不是另一次书同文？谁是今天的秦始皇？由谁来"统一"世界文明？统一后的文明是什么？对人类精神有什么意义？我希望，这个"未来"将包含我们已有的深刻，而非放弃它。

阿：像过去人们把香槟酒瓶砸向一条新船，以此给它命名，我们也在用各自的香槟酒，从自己文化的深处，给全球化命名。

杨：所以，个人的深度沟通有所有人，本地的深度建立起"国际"，方言的深度充实了全球化——全球话。好像我们找到了落点？

阿：这里土地很结实，落在这儿很好。

方 言 写 作

界壁儿[1] 刘宅的四姑娘追着叫

"二姨爷"[2]　板桥二条的花枝都甜了

河沿儿嘿喑[3] 的水波　清清攀出莲叶

二姨爷是惯着他长大的

四姑娘薄薄的衫子下　两粒核

刚会硬硬挑衅他被搂紧的胳膊

坐在门槛上多少年　夜嘿喑过

什么　板桥二条是座他各个儿[4] 的

御花园　每一夜挩[5] 进那一夜

月亮也圆着他屋角上的圆

河沿儿的香　漏入一锅荷叶粥的香

甭提梦　葡萄架筛下一水儿的梦

教他光码字不够　懵外人寒碜

四姑娘不待见撒满一马路的诗

二姨爷指着[6] 他能　天下哑遍了偏他能

给畓们写　黄土这部书

拆着拼着他用童声学着问的字儿

一辈子问　赶昝们[7] 捂热了黄土

赶他回不了家前儿[8] 回不去

一声哭喊　拆迁不了的疼只想听

茫茫人海中小胡同的乡愁

他压根没写出的　四姑娘远远嫁走

他被回眸的眼神切下　两千岁了

还没哭出

＊小词典:

1. 界壁儿:隔壁。

2. 二姨爷:老北京对长两辈者,无分男女,一律加一"爷"字
尊称。

3. 嘫喑:yúan yin,言语(根据北京方言发音新造字)。

4. 各个儿:自己。

5. 挩:duǐ,挤、推(根据北京方言发音新造字)。

6. 指着:指望。

7. 昝们:m̄m(闭口鼻音,无元音)们:我们(根据北京方言发
音新造字)。

8. 赶……前儿:当……的时候。

关晶晶 作品,《无题11-08》

日本：

与高桥睦郎对话

开掘每个人自己的智慧之井

开掘每个人自己的智慧之井

——与高桥睦郎对话

杨：前几天的中日诗人集体对谈中，我和您在同一个小组，我们组讨论的主题就是"传统与现代"。您渊博的古典文学知识以及对这一主题的深思，给我留下了深刻印象。当然，您或许很了解，20世纪中国文化的真正的思想主题，正是"古老中国文化传统的现代转型"，这个过程非常痛苦复杂，其中悲欢也和被称为"东洋"的日本渊源甚深。但谁知道呢？也许用俗了的"凤凰浴火重生"还有新意？深度和难度成正比？中国文化要恢复创新的活力，非经由这次惨痛不可？您诗中一个很美的句子："每人有一眼自己的井，"让我想到一眼思想之井、智慧之井，从井里汲取的泉水，不仅能浇灌自己的花园，也应当能浇灌人类精神之树。我们今天的对话，是否就从这里开始？您前几天提到一个很好的说法"传统中有现代，现代中有传统"，这本身已经质疑了对"传统"和"现代"的简单划分，进一步说，也质疑了简单进化论式的时间观。您是否能就这个提法再加以阐释？

高桥：关于"传统中有现代，现代中有传统"这个观点，我是这么认为的，比如说通过阅读您的日语版诗集《幸福的灵魂手记》我就产生了这样的感觉：您的诗使我对中国古代诗人屈原、李贺、李商隐等有了新的认识——即他们在传统中的"现代性的一面"；"现代中有传统"，简单地理解就是你创作的诗篇中有没有流淌着你母语文化的"血脉"，这种"血脉"当然不是文字表面化上的，而是经过被诗人吸收和转化后、被诗人个性化了的，亦或说这种文化基因是诗人血液的一部分。基于现代的视点，您好像在超越着我刚才所提到的中国古代诗人们。您作为诗人的重要性我也是读完附在这本日文版诗集后面的演讲稿后才感受到的，您认为流亡诗人的命运并不是自己的特殊性，所有的诗人无论处在世界的何处，某种意义上都应该是流亡诗人。果敢的面对命运的残酷现实，坚持不懈地活下去，我觉得这既是真正诗人的印证，更是作为诗人的出发点。

在现在的国际诗坛，像您这样鲜明地持有这种"生存印证"的诗人可以说是凤毛麟角。用您的话说，"在一首诗中创造出新的形式，试图转换过去的写作模式，以拉开与读者之间的距离"。这里的"过去"我的理解是：既指自己的过去，也更是指中国历史上过去的诗人作品。我对您还有一个鲜明的印象：就是您从当代的中国诗人之中挣脱出来去面对过去的诗人。这不是单纯的面对，而是在敬爱的这些诗人的同时，与他们格斗和超越他们的面对。因此您的诗歌总是在不断地要求着新的读者，您与这些过去的诗人也总是处在紧张的关系之中。所以，阅读您的诗，就能感受这些过去的诗人作品的现代性，同时也能感受到他们生活的那个时代照射的光芒。这也是我始终强调的生活在现代的诗人必须与传统血脉相连的重要一点。

杨：我感到您抓住了我写作的精髓。因为对古典诗人的敬爱，我们愈加要理解，为什么某些"过去"可以成为经典，而另一些不能？在我看来，这里的区别，就在一种深度。我很赞同您用的"血脉"一词，深刻的血脉是超越表面时间的，它流淌在一代代诗人身上，通过每一个语言的情境独特表现，却又贯穿古今。这就像冥冥中有一首"大诗"，那是每一代诗人的原版。您在传统和现代之间加入的那个"有"字，强调了一种主动的关系。敬爱、格斗、超越，都应该是主动的。风景不仅仅等在那里，而要靠我们的眼睛去发现、甚至去创造。这是可能的，因为揭开时间的幻象，诗歌都指向人的根本处境，这处境古往今来没什么改变。人生苍茫的感受是文学之根。当唐朝诗人陈子昂的"念天地之悠悠"、李白的"拔剑四顾心茫然"、宋朝苏轼的"生死两茫茫"，那种时空茫茫，生死茫茫，也是我内心的感受。这甚至超越了简单的东、西方划分。我从前的漂泊，就不应该只理解为"冷战"的产物，那其实是诗歌内在精神的要求。而"9.11"、伊拉克战争之后的世界，甚至更为血腥残酷，您说的"生存印证"更加

唐晓渡和杨炼在日本进行中日诗歌交流

触目。当人为虚构出的历史阶段如此不可靠，"茫茫"就已是人类的共同感叹！如果说今天的诗人和先辈有所不同，那唯一一点就是，我们理应更加自觉。

高桥："9.11"意义重大，它发生在21世纪的第一年，一个世纪之初，这使我看到人的毁灭的开始。人类迄今为止，从未发生过这样的事情。本来世纪之始，应该让我们看到未来和希望，但事实恰恰相反。而且这种人类灭亡的迹象，早在"9.11"之前已经显露。根据西方的记载，世界在两千年前只有一亿人口，但在这两千年里，尽管有战争等等，人类仍增长了70倍。如果按照这样的速度增长，总有一天，人的需求要超过地球的承受能力。当然，人类也在努力避免灾难，例如思考如何移居其他星球，但什么样的科学技术，能把十万人迁移到月球上？那几乎不可能，就算移去了也别想再回来。虽然人都有回到故乡的愿望，但想要回到地球这个故乡却是不可能的。

杨：且不说就算移居到别的星球上，人仍然是人，仍然不能逃脱内心的局限。

高桥：对，所以人没法逃避灭亡的宿命。

杨：那么，人在宇宙中的"茫茫"之感是变不了的？

高桥：我想将来，如果人的生命可以延续非常长久，人一定可以变得像箭一样，从别人的身体里穿过去。但我上面说的那些毁灭感受的关键部分，诗歌中会有，一直会有。

杨：就算人可以穿过另一个人，他们互相之间也仍然是孤独的。在这方面，虽然您认为您那首《死去的少年》

是少作，但仍令我震动。您在那首诗中写一个人如何坠入自身的深井，坠入自我那条黑暗隧道，却又通过坠落获得了超越。一首好诗永远年轻！

高桥：在那首诗中，少年最后变成了植物，轮回成另外一个青春期的声音，这是我理想中的一种活法。

杨：唉，可惜，少年变成了植物，却连植物又都染上了人的感受。它在"疼痛的光"下摇动。我们的绝境正因为我们是语言的动物。"自然"只是一个想象，或一个比喻。我们的手摸到的不是树，而是"树"这个词。事实是，我们被词封锁在自己里面，根本摸不到世界。联系到日本古典文学，您对俳句深有研究，我想请教，俳句中的"季语"仅仅是对时间的强调呢？还是也在更深层次上，暗示着对时间的不信任——对时间之虚无的强调？

高桥：恰恰相反，是相信时间。为什么呢？因为失去的是时间。正是在渐渐失去的时间里，把自己交给它。同样的道理，也把自己交给渐渐失去的语言。

杨：这和我体会的中文诗的时间性颇为不同，因为汉字的动词没有时态变化，例如"饮"，无论什么时候饮，"饮"这个动词永远保持原型，好像汉字一旦写下，时间就消失了。古往今来从李白到杨炼的饮者，都只有一种虚无的存在。再伟大的饮者也是一个影子。

高桥：这让我想到，也许日语最初也是没有时态的。因为日语的时间性由助动词体现，而助动词由动词派生而来。在没有发展出助动词的早年，日语应该也只使用动词原型，因而是没有时间变化的。

杨：我对汉字语法的抽象性很感兴趣，因为这恰恰逆反于汉字字形视觉上的具象。书写汉字，似乎总是同时在做两件事：造型，又悄悄把造型抹去。脱离了"昨天"、"今天"这样确切的时间指定，中文句子就都成了泛指。一个个意象，与其说在表现自身，不如说在标出它们悬浮其间的形而上空白。而如你所说，在俳句中，写下时间是为了强调时间……。

高桥：与其说是强调，不如说是把自己托付给它。俳句都很短，几句而已，在俳句中一般省略主体如"我"等等，不说"我"，我不存在。例如芭蕉这首俳句：**静静/蝉的叫声/渗入石头**。蝉叫的时候很吵闹，但在它渗透入石头的时候，反而让你产生一种宁静的感觉。没有人怎么倾听蝉声？人当然是有的，但被蝉声、岩石、寂静的环境隐藏起来。为什么要隐藏起来？因为藏进上述三个要素后，人的隐身使痛苦也隐身了，作为人的苦恼也不存在了。

杨：也或许芭蕉正是要建立一种语境，空出——删除人的存在？

高桥：我觉得不是要排除人，而是要包含人。

杨：在中国古诗里，通过人的感官创造语境，又在语境中暗含了人的缺席，也是很常用的手法。有名的例子，如孟浩然的《春晓》：**春眠不觉晓，处处闻啼鸟，夜来风雨声，花落知多少**。同样是通过人的感官来建立一个诗意的语境。我们阅读时，能感知(或想象)一个"我"的存在。

但是，为什么是"我"？而不是"你"、"她"、"他"、"我们"、"他们"等等？事实上，动词只是原型，并没有确定到底是谁。更彻底的读法，甚至可以把"春"、"处处"、"夜"、"花"当作主语，读成大自然在直接观照自身。从隐身之"我"，到可能的别人，再到完全无人。你刚才说到"包含人"，在我看来，这"包含"的本意就是超越虚幻的"自我"。我们通过书写语言，写出了人自身的空白。当然，这是对一首唐诗的当代读法。但也必须说，是汉字使这种读法成为可能。仔细看来，通过写作，我们同时抹去了几个东西：抹去时间，抹去人，最终也抹去了写作本身。"茫茫"不是外在的，更是语言之内的状态。正是诗人，越写越体会存在的空茫。所以，当我读到你的诗集《五十幅自画像》时，就很有感触。你用 50 首诗写出 50 个不同的"我自己"，而贯穿其中的恰恰是对"我"的质疑和寻找。这些诗作很当代，但又和古代经典的内涵一脉相承。不知你对这番解读有什么看法？

高桥：诗集《我》（苹果屋社出版）是我 1965 年至 1974 年之间创作的系列作品。已经有 30 多年的历史了。这本诗集的副标题为"self-portraits 50"。这部诗集是通过近现代的画家们使用的自画像这种手法，尝试把自己客观化，然后脱离自意识的地狱。但是，"……的我"、"……伪装的我"和"风一样的我"都是虚构的"自画像"，这一点与谷川俊太郎刚刚出版的诗集《我》里的纪实性有明显的不同。当然，如果现在再让我写一本这样的诗集，我想与诗人谷川俊太郎的《我》肯定十分接近，因为诗人在不同年龄创作的诗篇基本是都是与他的年龄比较接近的。随着年龄的增加，现在回顾一下留下只能在那个年龄段才能写下的诗篇是非常幸运的。刚才我已谈到我从小就尝试现代诗、俳句和短歌多种形式的并行写作，这种写作习惯养成后，对形式的感觉已经形成了我血肉的一部分，我从来没有因为选择形式而困惑过。当我想写一首诗，诗歌的形式会找到我，是它指定我把这首诗写成现代诗或古体诗，很自然。对我来说，写作和作品的表现，这个行为本身就是想让自己消失，因为自己太痛苦了。痛苦得希望自己消失。

杨：中文古体诗形式和古代汉语的关系太密切了，以至我们几乎没有用古体诗表达自己的可能。我也有时写古体诗，七律等等，但纯然是一种技术训练。为此，我有时刻意把古典技巧推到极限，目的仍是给当代创作提供一种标准、一个参照。中文当代诗，包含着中国人一个多世纪以来现实、历史、语言、文化的多层次分裂。每首诗都是一次自觉归纳，这让它们必然呈现出观念的、实验的性质。比如，我在写作中必须非常小心汉字和词汇这两个不同的层次。汉字是感性的、古典的，词汇常常是概念的、翻译的。现成的例子：汉字中早就有"人"有"民"，"人"概括人这个观念；"民"强调与"官"相对的下层民众。但在古汉语中，并没有"人民"一词。"人民"是日本 19 世纪后为翻译欧洲的"People"这个概念，通过组合汉字而"发明"出的词汇。作为一个完整的词，它改变了每个单个汉字原来的语义，事实上是完全创新的。那么，我在写诗时如果要用这个词，是在什么意义上用？泛指所有人的"People"的意义？还是偏重下层民众的"民"的意义？这一个词里，中国、日本、西方都在，却各据一隅，以为互相沟通了，其实彼此全然没有照面！这里，西方是一个"他者"，古代中国也是一个"他者"，我们站在两者之间，有种特殊的孤独和茫然。当我读您的诗《信》，觉得也写出了这种茫然感，昨天明天都是"无"，那封想要递送过时间的信真的存在吗？当您反复询问，我也在反复询问。

译者田原插话：这首诗看上去简单，但翻译中发现难度很大！

杨：不过生存的很多微妙感受，就是这样获得的。在不存在的光源和不存在的眼睛之间，在同样不存在的天体之间，某封信存在吗？好像先得虚拟出一种可能的在，再对它提出怀疑，进而写出不在。就像这首诗中，先写出光和眼睛，再用提问把它们抹去。我觉得您的当代诗中，始终渗透了古典文学对人生思考的深度。那么，同样在古今之间，您对现在很多外国人热衷于学写日本俳句有什么看法？

高桥：我一般不勉强自己写作，只是等到不得不写时才动手。俳句也是一样，非写不可时才写。但我也有这样的时候，俳句的五七五句式，前面的五写好了，后面的七和五半年也写不出来。为两行诗花费半年，常有这样的事情发生。不过话说回来，也许花半年时间等两行诗，已经算很快的了。在当代日本的诗歌写作中，除了有百余年的自由现代诗外，也有一千五百年历史的短歌和七百多年历史的俳句。在日本，这些形式的诗歌写作都是很专业的，因此，日本的诗歌界有诗人、歌人和俳人之分。这三种诗歌形式我从少年时代就纳入了自己的写作范围，这种"三管齐下"一直持续到今天，基于此，也许会被说成是日本诗坛的"稀有动物"。就我个人的经验而言，在同时创作这种三种形式的诗歌时，并不会产生什么陌生和别扭的感觉。我认为，在这三种诗歌形式中，即使存在擅长和不擅长写作的诗体，都应该去尝试。因为不同的诗歌形式存在着自己不同的文学财富。并行写作我想不论是对现代诗还是短歌、抑或俳句都有益无害。这种并行写作，既能与百年前的先贤萩原朔太郎(诗人)、四百年前的松尾芭蕉(俳人)、一千三百年前的柿本人麻吕(歌人) 自由对话，又能让他们之间相互对话。这与您既能与屈原、李商隐他们对话，又能让他们之间对话是非常接近的。在持续进行现代诗、短歌和俳句并行的写作中，我一直有一个愿望，就是如何通过这三种文学财富诞生出一种新的现代诗，这种愿望能否在我有限的生命中实现，或者在下一代或更下一代中实现我无法断言，但我相信一定会实现，而且也必须去实现。

杨：这让我想起唐朝贾岛"二句三年得"的故事。或许诗人感觉最好的时候，正是感到身体里有一行好诗，但怀孕似的还没泄露秘密，还没把它落到纸上的时候。但不同点是，母亲们总是很满意自己的孩子，而诗人总对作品不满，因此要去写下一首诗。

高桥：因此，我从来没有应别人的邀请写过一首诗，我相信和你一样。诗是自己生长出来的。如果有人请我写诗，我会把我以前的灵感或记录在笔记本里的作品交给他。

杨：一首诗的灵魂和肉体是一个整体，你不可能把肉体中偷偷塞进另一个灵魂。

高桥：那样的话，你会一直为它痛苦。

杨：这让我想到当代中国的文化困境，20 世纪，中国传统文化的现代转型过程，是一个相当惨痛的经验。除了政治方面，汉字的独特和封闭也是很重要的原因。我说独特，是指汉字绝无仅有的语言学性质；而封闭，是指它自成一体的思维方式和观念系统。这让汉字在被打开、特别是和西方观念接轨的时候，非常困难。另一个典型的例子：中国古代有"时"和"空"，它们传达着一种浑然一体的整体感，而现在常用的"时间"、"空间"，仅仅加上了一个"间"字，就把时空分割成了阶段性的、间离的。这大概又是日本人"活用"汉字翻译欧洲概念的绝佳例子，极有创造力，却已和中国的古典观念几乎无关了。某种意义上，我认为，迄今为止，汉字仍然没有找到和西方思想衔接的方式，这在阅读汉译西方哲学时表现得最为明显，如海德格尔的《存在与时间》，你怎么用一个没有时态的汉语传达那么复杂的对时间的思考？对我而言，那部书的汉译本全然不知所云。普鲁斯特的《追忆逝水年华》也一样，汉语翻译中，法文语法内在的时间性（巨作的真正主题！）被漏掉了，只剩下了对回忆的表面描写。所以，我一直建议喜欢西方哲学文学的朋友，一定要直接阅读原著，否则不是沟通困难，而是彻底歪曲原意。中国近代"唯物主义"、"历史辩证法"之类词汇，本来想引进西方文化，结果只引进了自己"对西方的想象"，成了异国情调的梦中之梦！我想了解，明治维新以来，日语从古典到现代的转型有什么样的经历？

高桥：其实日语的语言结构，从 5 世纪第一部文学作品到今天，没有发生过大的变化。无论多么古老的日语作品，对稍有教育和想下点功夫的日本人，都读得懂。

杨：这和发生在汉字之内的中国文化状况很相像。我们阅读老子、孔子几乎没有任何障碍。

高桥：我相信。孔子的诗或更古老的汉语，对我们也没有阅读困难，可遗憾的是，现代汉语我们一点也看不懂。

杨：问题就在这里，汉字本身的感性和表意没有问题，但当词的层次(翻译观念的层次) 加入，汉字的表达就完全被破坏了。它成了另一种东西，一个貌似熟悉的外语。古典和现代的中文看起来都用汉字，但其实是两个完全不同的种类。我们的写作，总是在字的感性和词的观念之间游移，经常并不是相得益彰,,而是顾此失彼、甚至二者皆失。

高桥：日语语法的转型过程是一个大的话题，这个话题是一天不吃不喝也说不清道不明的。这个话题就让越过母语用日语创作的田原来简单地回答一下吧。

田：好，刚才高桥先生也已谈到这是一个大的话题，我只能简要结合自己的经验，站在自己是日语圈外的外国人的立场上谈一谈日语的变化。汉语与日语简单地从语言学上比较，汉语是遵循词序——即句中词的排列次序，而日语则完全是被它的助词左右着——即日语的意思、意义等是固定在它的助词上的。在发音方面，虽说有着36个母音的汉语是只有5个母音的日语7倍之多，且有着抑扬顿挫四声发音的汉语比几乎是平调发音的日语有着绝对的优势，但在文字的表记形式上，汉语在日语面前却是望尘莫及，与只有汉字一种表记文字的汉语相比，日语有四种文字表记形式——汉字(包括日本人创造的汉字——日语中通称为"国字")平假名、片假名和罗马字。这一点也是日语极为复杂的一面。

在日语写作中，同样使用一个词语，用不同的文字表记，就会发生微妙的差异。与日语相比，我觉得汉语是一个变化缓慢的语言，属于慢文化型的语言；日语则是快文化型的语言。日语的快主要体现在近现代，这与日本经济的急剧增长有很大关系。明确地说，是明治维新加速了日语的转换(因为在明治之前，一直是汉语统治着日语)，换言之，明治维新以后，某种意义上，日语可以说彻底摆脱了汉语的束缚。向世界打开国门的日本，如饥似渴地吸纳了大量的外来文化，这与明治政府贤明和开放的教育和政治制度有关，因为，在明治时代，诞生了一大批思想和观念解放了的学者，明治的文艺复兴我认为是这批优秀的明治学者们一手缔造的，他们不仅大量翻译了古希腊、印度、西欧等一些文学、哲学、思想、法律、政治学和社会学方面的知识和学说，同时也通过翻译创造了大量的现代词汇，如政府、社会、哲学、权利、义务、自由、独立等举不胜举。这些词汇随即被清末政府派遣和自费留学的留学生传回了中国(传播渠道有两种，一种是直接把这些现成的新词汇传送到汉语之中，另一种是通过对日语文学作品和文学论著的生硬翻译)。至今这些词汇是现代汉语重要的一部分。

战后的日语变化的加速，来自于日本经济的猛烈增长，大量用片假名表记的外来语的泛滥迫使你不得不去努力消化每一个陌生的词汇。日本现代诗歌中，尽管汉语仍旧承担着最抽象的那部分意义，和它在日语语言学中扮演的角色不容动摇，但它对现代日语的影响已非从前，何况已经有一部分日本诗人在尝试着只使用平假名和片假名进行现代诗、短歌和俳句写作的可能。

杨：我觉得田原先生的概括非常精粹，这里日语的开放性最令人震惊！回顾明治维新以来日本的变化，我觉得这又是一个语言、思维和现实互动的绝佳案例。

高桥：李白、杜甫写的汉诗，在今天读来有没有困难？他们和同时代诗人写的作品语言上有没有区别？

杨：李白、杜甫的作品读起来也没困难。我觉得，他们和他们的同代人在语言上没有区别，但才华和风格上大有区别。

高桥：不过我想，他们和同时代人应当不一样，他们在唐代已经创造了接近我们的现代书写语言，而其他人还在使用普通的古典文言写作。也许这就是区别。

杨： 这里有一个问题很微妙，中国古诗有极为严格的格律形式，但你仔细读唐诗，又会发现诗人几乎是在严格的形式限制之内说白话。王之涣的"白日依山尽，黄河入海流"，初看完全是白话，再看又严守对仗和平仄。你要翻译意思很容易，但要翻译出视觉和音乐上的形式感难上加难！

高桥： 但这样的句子在唐朝时容易理解的吗？

杨： 我想是容易理解的。

高桥： 是这样的吗……。

杨： 麻烦是，当人们以为内容容易理解时，常常忘记了诗作形式的严格。这也让人们总误解中国古诗是"自然"的，但其实，细看一首七律的形式规定，真是百分之百的"人工"。只是，当人为创造力发挥到极致，似乎已超越人达到与"自然"乱真的程度。是否俳句中"季语"的使用和您谈到的表达"接近神的愿望"也与此相像？

高桥： 人工的诗或许是超自然的，甚至应当说体现了一种神意。

杨： 在我们的文化里，诗本来就是人神相通的一种形式。您曾提到过诗歌有一种"持"——维持、持续——的能力。一首好诗能穿透生死。写作的逻辑很奇妙：最个人的书写，却写出了无人和一切人；最强调时间的"季语"，正写出了超越时间的神性。

高桥： 在这个意义上，我觉得汉语和拉丁语应当被理解为世界上最"诗"的、最美的语言，一种语言的顶点，因为它们的人工化登峰造极。和这两种语言比，日语的不完全性、缺陷性太明显了。日语没有中文声调的平仄，也不能押韵，所以不可能有中文那样的格律。日语的词汇来自各个方面：汉字、本地语、欧洲外来语，也许正因为缺陷，它们才能被组合到一起。我觉得和中文比，日语太狭窄、太局促，用来写作很不舒服。但这是我的母语，尽管它不完美，我没有选择，只能用它写，这是我的宿命。

杨：真有趣！我觉得汉语封闭，日语开放；您又觉得日语粗陋，汉语美丽。真是"隔岸草更青"啊，这是玩笑，但其中渗透了诗人的自省。我的宿命是，用汉字表达诗意，太完整甚至完美了。

道家说"满招损"，太完整的东西，就会转向反面，因为它已经没有了应变的能力。汉字文化在遇到真正的外来文化挑战时，几乎一次崩溃到底。因为它的古典思路，完全没有弹性，不能随境遇而变。因此当代汉语文化思路的庞杂混乱，相对于古典汉语文化，简直衰败到了另一个极端。我们曾经说过：日语是光着身子出生的，中文是穿着太多衣服出生的。日语后来穿上了各式各样的衣服，但至少实用保暖。但中文需要脱衣服，可不知道应该脱哪一件，一下子把自己脱了个精光，先把自己冻得够呛，又得重新乱抓衣服穿。我把"五四"以后的中国人，称为世所仅见的"文化虚无主义者"，就是感慨于这种对自己文化的极度缺乏自觉。如果以中文古典诗歌的标准衡量我们今天的写作，那么，我们除了光着身子，还简直是伤痕累累。

高桥：因为那不是自己的东西……。

　　杨：但我们又没有办法不用这些外来语。特别是欧美在哲学、科学上的思想成果，这是今天人类的普遍知识。怎样既保持汉字的美和它独特的思维特点，又沟通世界？这是一个极大的挑战。

　　高桥：很同意，但有一点很清楚，简单地回到古典诗歌是不行的。我写各种诗歌形式，俳句，短歌，狂言，现代诗，对我来说，所有这些融合成了一个总体。它是什么？我不知道，姑且称之为一种"表现体"。这个表现体，对我来说是非常理想的，它整体呈现出作为一个诗人的我，我的感受、我的思考。我甚至并不知道这个表现体是否已经诞生了？或者也许将在未来诞生？能写不同形式体裁并不重要，重要的是能让不同形式体裁的作品，指向、构成那个表现体，那个我们今天甚至还不知如何称谓它的东西。

　　杨：我曾经写过：我要"把我二十年的创作写成一本书"。这本书里，应当包括我的诗歌、散文、文论、政论、甚至文学社会活动等等。一个人的一生其实是一整部作品，一个"表现体"。

　　高桥：你的想法和马拉美一样。马拉美说过要写一本"整体之书"。

　　杨：我想对这样的人生写作"表现体"而言，最重要的因素，是能把各个不同作品统一起来的内在的因素。是不是这样？

　　高桥：有，一定有。要形成这样一个表现体，必须要超越每一件单独作品中的"自身"。"自身"要在这个表现体中消失。

杨：这个理想很高！

高桥：不仅理想很高，对自我来说、对超越者来说，难度尤其大。

杨：对我来说，这个难度还在于写作者深刻的孤独感。当代中国文化从语言到思想，可以说是一堆碎片。古典只是一个遥远的梦，我们无法继续依托于它。现实中从权力到金钱的挤压，更合谋毁灭独立人格和思想。我在无依托状态中写作，只能努力寻求一种在写作本身的自足，好像在旷野中建立一座没有门窗的城堡，这意识既自觉又无奈。请问，你在高度商业化的日本，能保持心态上的完整吗？

高桥：心态完整？没有啊，没有啊。其实，我最高的理想，也许正是你刚才说的孤独，没有孤独不会有作品。

杨：我很同意，有一次采访时谈关于孤独这个题目，我开宗明义就说：孤独是理想境界。

高桥：在当代社会里，能有内心的孤独感非常难。刚才你谈到破碎的问题，我觉得，如果我朝着自己的理想努力，就是想在破碎中找到一种完整。正是通过各种形式，在破碎的表现中建立一个完整的世界。这种完整是在一个更高的层次上，就像我刚才谈的"表现体"，其实也是在破碎之上的一种完整。好像一面摔得粉碎的镜子，在每个细小的碎片中又发现一个完整的世界。所以，破碎也是一种自由。人变得更破碎时，也许更自由。

杨：回到我们开始的话题：人的茫然，人面对宇宙感

到的彻底孤独。这其实也是一种美。（高桥：是。）我认为
诗人应当有这个自觉：在语言中抵达这种深度、这种"茫
然之美"。

高桥：当我们朝着这个方向走去，也别忘了可能还有
一个与深度完全不同的方向：变平的方向。完全把自己交
出去，从应有的主动变成被动，任由碎片的世界摆布，那
就不行了。

杨：最怕的就是不知不觉地被动，发生在下意识里而
不自知的被动。我在别处说过：一个传统如果失去个人的
创造能量，就不配被称为"传统"，充其量只是一个"过
去"。越处在历史上、文化上的动荡混乱时期，个人的主
动性必须越强。无论古今中外任何思想资源，只要能有助
于建立自己的精神世界，一概能为我随用。我说过，一个
今天的中国诗人必须是一种思想家，否则就什么也不是。
回到我们的题目"开掘每个人自己的智慧之井"，这眼井
是你自己的，而井中的水却是隐秘地渗透自地层、岩石、
河床或大海，从四面八方汇集而来吧？我们挖掘自身，穿
透自身，去抵达一种人性的深度，最终，一首一首诗又都
加入了古往今来整个人类的"表现体"。

高桥：深有同感！一个没有思想的诗人充其量不过是
一个语言的外壳，就像从一只死鸡上拔下的一堆乱毛，没
有任何价值可言。一个诗人，无论他用再华丽和优美的词
汇去修饰语言，一旦脱离了思想，他的结局最终都会败给
时间。

关晶晶 作品,《无题09-03》

香港：

与叶辉对话

冥思板块的移动

冥思板块的移动

——与叶辉对话

诗 人 的 冥 思

叶：今天我们的谈话是一个任务。我想集中讨论你两本非常重要的书——诗选集《大海停止之处》和散文选集《鬼话·智力的空间》。你大部分组诗我都读过，但是并没有跟散文一起读，也没有散文跟诗互相对照。我看了你这两部作品，如果要写一篇文章，我的题目就可能是："冥思的板块"。"冥思"就是关于鬼魂的思考；"冥"就是鬼住的地方；所谓"阴府"、"幽冥之府"；"鬼话"也就是由"冥思"转化出来的话语。至于"板块"，是指〔地理学上的〕大陆板块；它不震动的时候，自然是比较宁静的；但是它稍为移动起来就能引起巨大的变化。你对于"冥"和"鬼"到底有什么看法？

杨：我的散文集中的最后一个部分《十意象》，是我选择出来的十个在我写作中最常用的意象。然后，我又把每个意象发展成为一篇散文。所以最终它是一部以散文形式存在的我个人的小词典。在这十个意象中，第一个意象就是鬼魂。你的提问提到了我的词典的第一个词上。当然，我并不只是想写一部现代《聊斋》；因为我的鬼魂的意义，是从死亡甚至死后返回的一种对生命和生存的理解。具体地说，中国当代的诗人，在文革的经历之后面对的是一片历史、文化、语言的废墟，我们的诞生本身就受了某种死亡的诅咒。我最早的没有收到这个集子里的组诗《自白》已经谈过……

叶：在散文《谎言的血缘》里面也有谈及。

杨：对。"这遗言/变成对我诞生的诅咒"。再加上我们在六四后的流亡处境，就更加清楚：如果说我们是某种幸存者的话，我们是把死亡带在自己的身上，把死亡变成自己语言的一个前提。在某种意义上，我所有的写作，从诗到散文包括文论，都有一个起点。用我的一个句子说，就是"从不可能开始"。因此，我的"鬼魂"，是一些脱离了肉身的时空限制而存在的一种东西，一种精灵。这种精灵实际上是从不可能或者从末日开始的。

死 亡 的 主 题

叶：贯串着你整个写作主题的死亡，在我看来，是那种没有时间，没有存在，也没有消失的东西；这意味着时间的死亡，还是个人的时间还没有诞生？到底是怎么一种关系？是固定的还是历时的意义？

杨：死亡的意象，或者我称之为死亡的形而上学，似乎是我的诗和我的写作中的一个非常重要的命题，跟刚才说的鬼魂也连在一起。但是实际上，从最浅显的角度来说，死亡不是只发生在每个人生命的最后一刹那。其实从每个人诞生刚刚开始的时候，死亡也开始了。它是一个随着你的整个生命过程不断加深、不断增加比例的一个因素。实际上人们在理解自己的生命的时候，一直感受到生命越来越短促的压迫，时间有限性的压迫。通过对生命本身的历时性的体验，然后去慢慢达到对死亡的理解。在这个意义上，你对死亡理解多少，就对生命理解多少。这是从个人的，自然人的层次来讲。另外，我们又不得不说中国当代诗整个又建立在中国社会和历史的非常深刻的悲剧意义上。这个悲剧中死亡的数字是超乎想象的。譬如说大饥荒三年，死掉三千万人；这是不可想象的一个数字。但也因此，你突然发现死亡其实是多么虚无。它大到没法想象，三千万，却没有任何一个实体！我们集体的悲剧，是死亡的空虚，不是死亡的沉重。死亡这个词，囊括了所有那些虚度的，被耗费的生命。在语言的层次里，我一直反复强调中文性。中文动词没有时态变化，是它跟欧洲语言最大的区别。这也许是某种约定俗成、自然形成的语言性质，但它又潜意识地左右着我们对生命和历史的理解，因为语言是思想最基本的载体。中文语言的非时间性，和中国历史的循环感之间，到底有没有某种必然的关联？谁为因谁为果等等，都是我们写作中必须思考的东西。在我来说，我希望有意识地使用这种非时间性，去表达处境和命运的不变这样一些对我来说非常重要的诗意。在某种意义上，我甚至觉得没有中文的这种特性，我就几乎无法表达那样的诗意。因此在这个层次上，死亡又成了我的语言的某种内涵。我不是要想办法抵消或者抹杀它，而是希望加强或突出它，为了穿过我个人的、我们民族的死亡的事实，达到一种人性的、人类的普遍。这才是诗的落点。

叶： 你刚才谈到中文性，我们往后还得要谈，因为这个中文性我觉得是非常有意思的一个问题。死亡这种状态，最具体的、你作品处处可见的是"血"；以及"血"、"辞"、"死亡"三者的关系。前面的"死"／"辞"的对应关系还不太强烈，后面的特强烈。

杨： 我的写作是从我母亲去世开始的。我母亲是1976年1月7号去世，早于周恩来一天。那年我还在插队，她的去世，使我失去了几乎唯一的我可以写信倾诉自己感受的人。从那个时候，我真想写，用写重新找到对话者。这种寻找词的要求，是从死亡开始的。它先天和我母亲去世留下的一片空白、一片沉默连在一起。因此在所有后来的诗歌中，词和空白；言说和沉默；存在和血；某种意义上，从我母亲的看不见的血，到六四看得见的血，再到我们语言内涵的那种血，这几个因素始终有一种互相的启发。写作始终存在一种困惑，它是否配得上现实的深度？

阿莱士，杨炼和斯洛文尼亚著名诗人托马斯·萨勒门在卢比雅娜朗诵后

这在某个意义上是写作的一种能量。我给自己提出的一个
最简单的问题就是：能不能深些，更深些？

无人称与人称循环

叶：另一个我非常感兴趣的问题就是人称问题。我自
己某一段时期移民到美国去以后，几个月后我立刻要回
来，因为就好象你母亲不在之后你就找不到对话的对象那
样，我这个在香港土生土长的人，到了外国以后就找不到
言说的对象。那个时期我也在思考人称的问题，我当时写
的一些散文都是写给一个圈圈，也可以说是零，或者是英
文字母 O，甚至什么都不是的一个符号。所以当我读到你
的诗强调无人称，写散文却用第二人称，就意识到人称对
你的写作来说似乎有某种形式上的重要性。你起初是怎样
思考人称问题的呢？

杨：我在写散文《鬼话》的时候，非常自然而然地选
择了第二人称。其实，我们跟自己说话时经常对自己用第
二人称——"哎呀，你真傻，这事怎么做成了这样？""你
这个家伙这么笨！"等等。所以这是一种自我对话的潜意
识的产物。到我意识到这一点，我就开始把它有意识地发
展成一部作品。你刚才谈到你出国以后的陌生感、孤独
感，我完全理解。因为我在 1989 年以前，完全不可想象
住在国外。但，当出国突然之间不可抗拒地变成一个事
实，我的第一个困惑是没有对话者；第二，因为没有对

话，这个世界完全转回到一种动物性的存在。也就是说只有眼睛、耳朵、鼻子是还可以使用的器官，嘴的说话功能，瞬间地退化了。我的散文《一个人的城市》写我在新西兰奥克兰城市里，幽魂一样漫游时，不停进行的自我对话。这种自我对话，后来我发现是所有鬼话语调的一种基础。我用"你"，不停地把我自己对象化出去，然后再通过讨论、争辩、追问等等，把"你"吞噬回自己里面。这样一个过程，在对象和主体之间有相当大的模糊空间，什么是你？什么是我？什么是他者和他在？等等称呼，实际上融合成为一体。当我有意识地思考中文性，我就把它发展到更深一步，比如佛家说"我"，说"我执"。这个幻象的、临时的"我"，只是世界的非常有限的一部分。你得穿透"我"，而在"你"的命运和处境的深处，沟通了所有其它的人。就是说，穿过"我"，达到"无我"，再到"一切我"。这又是和整个传统哲学思考的一种沟通。因此，人称之思，从一个比较盲目或者比较潜意识的感受开始，最终达到的是一种哲学的深度或者高度。

叶：在先秦文章里面，有一个"我"在的时候，往往是关于道德上的要求，所谓"吾日三省吾身"就是。但是，至于非道德要求的，例如抒情言志的韵文，人称就不复存在。你的散文用到"我"的大概有两篇，一篇是《遗作》，另一篇是《谎言的血缘》，用上了"我"，形成一个人称的互换/人称的循环。在《鬼话》里面少数"我"的出现，是有意识的，还是偶然的一种尝试？

杨：这很有意思，《遗作》是唯一一篇简约地概括我的人生和写作观念的作品。所以从一个很具体的"我"出发，但又在文章的发展过程里，把这个"我"消减掉。《遗作》这个题目已经说明，这是一篇死后发表的作品。这个"我"曾经存在过，但当人们读到这篇散文时，"我"已经不存在了。这才是《遗作》的含义。至于《谎言的血缘》，每一个段落是以人称出现的，但不要忘记总题目"谎言"。"血缘"不是人和人肉体之间的联系，而是谎言之间的联系。这里面包含了一个秘密，所有这些人称其实都是"谎言"，尽管它们以"血缘"的方式衍生并连结在一起。我们从一个人称逃到另一个人称，再逃入第三个人称……但我们逃不出"谎言的血缘"。

大海停止之处

叶：有一段时期，你的作品从"冥思的板块"，移向一种比较明亮而流动的状态，像血，像水；特别是《大海停止之处》，尽管我们认识十多年，这组诗还是教我眼前一亮。我对这组诗有一份特殊的感情，我觉得你这种散文跟诗的对话，这种有意识的让散文跟诗的交错出现，从组诗《大海停止之处》到散文《向海复仇》（"必须写一首关于海的诗，你才能像死者，拥有看海的神秘知识"），那种感觉，就像从幽暗的空间，忽然走到一道悬崖，看见下面的海洋一样，而且"停止"的用法，更突出了跟海洋那种拉扯的关系。请你谈谈你的散文跟诗的对话，以及从"冥思的板块"到《大海停止之处》的心路历程？

杨：之所以《大海停止之处》在我的写作上占有很重要的意义，在于这首非常明亮非常蓝色的诗，正写于我在国外最黑暗的时期。如果你记得的话，1993年是顾城自杀的时候，我在前不久在纽约刚刚写了《黑暗们》。1989到1993年，一直在海外漂流西方又是一片陌生的土地，没有语言的环境，到底能否走下去？能走多远？前途茫茫，所以那种情况，真的是落到了最低点。可是，也许就像佛家说的当头棒喝，绝处逢生，到了非得置诸死地而后生的时候，那个从不可能开始的开始，才是真的开始。多年以前我已经写过一行这样的诗："以死亡的形式诞生才是真的诞生。"写的时候我并不完全知道它是什么意义，而写《大海停止之处》的状况，简直就是那句诗本身。所以，我说，这组诗，对于我自己，是一个内在空间的巨大开拓。憋了5年流亡和漂流的生涯，最终以组诗的形式把漂流的经验显形出来了。这种显形不是以单层次的抱怨、哭诉，而是以超越的形式呈现的。超越，最终体现于最后一行："这是从岸边眺望自己出海之处。""我"在岸边，看"我"自己出海，这两个"我"自己之间不是别的，就是我自己内部的精神的空间。这组诗是个四章的结构，每章之间不用第一第二第三来连结，其实在暗示这是四个层次。最终抵达眺望自己出海之处。有意思的是，1993 年我在澳大利亚的悉尼，写下这个句子的时候，我感到准确抓住了我要写的东西，可它到底是什么？我并不全懂。又过了 5 年，我在爱丁堡遇见一个苏格兰诗人，这个诗人跟我讲起一件事；他是用 Lowland Scots(低地苏格兰语)写诗的，但有一次必须住在一个说 Gaelic 语的岛上，那儿离说 Lowland Scots 的地区只有不到一个海里。他能看见他的母语，但一年半之内他一首诗都没写，因为他突然感到自己离开了那个东西。谈到这儿，我跟他说，你突然让我在 5 年之后懂得了我写的一句诗是什么意思！我看着自己出海，实际上包含了所有我所经历的分裂，从现实到语言。这种分裂在某种意义上又是必须的。中国诗人不经历这种分裂，这种死而后生，语言的能量就不够来表达我们存在的深度。也可能因为这个原因，写作这首诗的印象特别深刻，站在澳大利亚悉尼城外悬崖上眺望大海边，听浪涛拍打，看鸟群在脚下盘旋，海面漆黑得像铺着柏油……都成了我这个转折点的象征。《向海复仇》，可以说是这组诗的一个更细节化的孪生姐妹。

叶：那么是先有诗才有散文，还是诗和散文同步出现的呢？

杨：我写诗写了一段时间，就需要转换。但往往不是内容上的转换，而是形式的、语调的、语言姿态的转换。

这时候，一篇或者是一部散文作品，在形式的可能性上给你打开了跟诗完全不同的方式。当你换一种语调说话，它同时在挖掘你思想上的新的可能。我想你写诗的时候，有时候用广东话写，有时用普通话，有时用英语试试，就可以看出语调本身不只是一个形式上的变化，而经常是对内涵上的一种挖掘或刺激。所以散文和诗对我来说是处于一种共鸣的状态。

诗的空间与时间

叶：你在《鬼话、智力的空间》里说过的一句话："一首成熟的诗，一个智力的空间，是通过人为努力建立起来的一个自足的实体"，你的作品中特别强调空间，似乎时间就搁在一旁，不再去面对，甚至干脆置之不顾了。

杨：我的态度可能更极端一点，我有一句话说得很清楚，就是建立诗的空间，以取消时间。把时间作为一个有意识的去取消的对象。就像我刚才谈到的，作为处境和命运的那种不变，不管是基于中国的经验，还是我个人的偏执，它是我的一个很重要的诗意。穿透一个人的历时，去抵达一种世界和人性的共时性，这个过程，不是自然而然达到的，而是通过我们写作本身达到的。是写作完成了这个超越。什么叫做写作？一句话，就是形式的建立。诗歌形式的创造，就是对包含在形式里的诗歌空间的创造。我写过不少组诗，像《半坡》、《敦煌》、《诺日朗》，到后来大部头的《🐟》，甚至包括《面具与鳄鱼》那样的六行的短诗六十首等；这可以被看作一系列诗歌空间。空间的概念，和中文语言的特性连在一起，它有比较薄弱的地方，因为在时态，人称和单复数上的不严谨，中文缺少欧洲语言那种精密度。这表现在它叙述逻辑上的单薄。但话又说回来，它有自身表现复杂性的方式：中文的每一个字，已包涵了形象，声音和意义，它是一个整体。从字到句子，再到一首诗的形式，比如说七律、七绝，在我看来，其实是一种空间性的逐层放大。仔细想想，一首古诗不就是一个小宇宙的模式？在几百年上千年的时间里，古代诗人比较自然地形成了成熟的形式。至于中国当代诗人，就要把这个逐渐积累的过程，变成自觉的创造。在这个意义上，我希望在每一首诗的形式创造中，有意识地加强中文诗歌传统中的空间性，把它发挥到极致。

汉字与中文性

叶：你认识的汉字，跟美国诗人庞德所认识的汉字最基本的分别，在于庞德认识的只是繁体字。你当然看得懂繁体字，但你经验中对汉字的结构和图画性毕竟基于简体字。你觉得繁体字和简体字对于你所说的中文性到底有怎么样的关系？

杨：肯定有区别，就像庞德在诗章中写的："诚恳"的"诚"字，造得完美无缺。但是如果这里的"言"字旁变成简体字的"讠",就失去了"言"的很多的内涵。但刚才我强调的,比较起中文跟许多欧洲语言的区别,繁简体之间的区别相对来说就变得比较次要了。我们今天体会中文的内涵和启示,不管从繁体字或者简体字进入,你还是可以基本上捕捉住中文性的基本内涵。如我们说的无人称、非时态、没有单复数变化等等,中文性的启示,并没有在变成简体的过程里失去。更重要的一点就是:不是语言里面有没有启示,或有什么启示,而是诗人有没有能力去发现这些启示?这也是为什么无数汉学家翻译过中文诗,可是只有庞德把翻译中文诗发展成意象派的思想。是作为伟大诗人的庞德看出了其中真正的内涵。我跟中国作家谈话的时候,也说过没有贫乏的现实,只有贫乏的作家。这就是说,一个语言有它特殊的内涵,并不意味着用这种语言写作,你就注定是一个有意义的作家。

叶:我也思考过这个问题,我不是说中文字经过简化,像庞德发现的图象性就不复存在。在古汉语里面,比如你到西安碑林去看那些古字,像篆书、隶书、草书,从最繁到最简的写法都有,就可以看出中文字可以有完全不同的造型和形态——那是不断变化和发展的图象性。

杨:简体字吸收了行草书和民间通行的种种方式,当然其中有不少荒诞之处,譬如"爱"把里面的"心"拿掉,既可笑又可恨!但是第一次简体字可以说是毁誉参半,很多当年的文盲,譬如我家的老保母,确实是通过简体字学会了读报纸以及写信的。我还记得当时他们写了第一封信后那种兴奋。语言应该有发展，但后来这被太多地渗入了政治的内涵，变得极其无聊。

叶：以上谈的象形文字那种图象，可以说是一种低层次的中文性。更高一点的层次就是你说的中文那种在古汉语里常见的无时态、无人称、无单复数的性质，我甚至称之为无词性，以别于西方语法中的词性观念。我们小学念过的一首诗有这两句："银烛秋光冷画屏，轻罗小扇扑流萤"；前面七个字就很难作出词性分析，只有三个名词并列，没有动词。但这种名词并置自有一套表意或暗示的语码。至于现代汉语，往往要求句子的完整性，比如"我爱你"一句话，就包含了主词、动词和受词，就像西方语法那样。那么从古汉语到现代汉语，你怎样理解中文性的变化？

杨：中文的魅力在于字，而非词。虽然现代汉语发生了很大的变化，但当我们自觉地思考语言的表达，其实我们总是不停地返回字的美感、它的独特表现力。我多次举过这个例子，70 年代末我们开始写作的时候，我、顾城、北岛等等，互不相识，却不约而同地在诗里做了一件事，就是删掉那些空洞的政治大词："社会主义"、"资本主义"、"历史辩证法"、"唯物主义"等等，因为这些词不能被摸到：它们一没有感觉，二没有思想。多年以后，我把这个举动叫做我们的第一个小小的诗论。它的发生，完全是潜意识的，是语言秘密给诗人提出了要求。在精密探索诗意感受的时候，一个对语言负责任的诗人不能用连自己也不知在说什么的词汇。所以朦胧诗恰恰朦胧在离开那种口号式的语言以后，返回到比较朴素的中文——石头、月亮、水、河、花朵、阳光、绳索、刀子、雪等等，而这反倒让习惯口号的读者们看不懂了。如果我们把朦胧诗当作大陆当代诗的一种起点，正在于对古典诗歌和纯净语言的返回，而且返回得还不够！我们的中文性本身，并没有随着现代化的进程而改变，它要求的是诗人再发现的能力。中文自己其实是最好的启示，古往今来它吸纳了非常多外来内容，但又始终在自己某种特定的规则里面转化，譬如把computer翻译成"计算机"，再译成"电脑"。"脑"这个字就马上带入了中文特有的意象。一个"电"一个"脑"，其实是两个单独的字的超现实组合！它和computer这样一个完整的外来名词并没有关系。我的意思是，只要比较在意地观察翻译的过程，一个外来词被中文接受的过程，就不得不回到了字这个根上。我们今天虽然不是在重建一个个人版本的七绝或七律，但是使当年的诗人们把语言特性发挥至完美程度的东西，仍然是我们的标准。

诗中的时空交错

叶：还是再谈谈《大海停止之处》吧，这组诗给我留下了非常深刻的印象。记得几年前你到岭南大学朗诵，我就跟你开玩笑，用你诗中的沉船意象，说了一个关于电影《铁达尼号》的笑话，那主要是吸引学生的注意。虽然这组诗给我的不完全是一种豁然开朗的感觉，但却有点像"行到水穷处，坐看云起时"的境界。我从"水穷处"和"云起时"想到你的另一个讲法——"文字的装置艺术"，这里面除了空间性以外，还有一个时间性的问题。你也提到了诗中的几个"之处"——几个地点的语言连接"之处"，岂不是也自有时间性的存在？就像李义山的诗句："何当共剪西窗烛，却话巴山夜雨时"，过去、现在、将来在诗中并置，你这组诗虽然没有强调时间性，但时间性却在书写过程中自然流露了。在你这组诗中，我看到的除了是空间的明亮之处，还有时间的明亮之处。

杨： 在《大海停止之处》里面，时间和空间是一对孪生姐妹，互相之间的血缘如此密切，以至于关系又可以是非常紧张的。我的这首诗从开头写到，一个人比一个悬崖更是尽头。"尽头"已是包含了充分时间内涵的词。我们的尽头就是现在。这尽头本身又是无尽的。我们没法跳越现在。但我们又不知道究竟现在是什么？因此，在这首诗里反复出现的一个主题，就是对现在的追问：现在是最遥远的！我说取消现在，正是在对现在这个刹那深入的过程里，把它扩展成拥有无限内涵的东西。我说"现在里没有时间　没人慢慢醒来　说　除了幻象没有海能活着"，有一种困惑：当我们说话的那一刹那，现在已经成了过去。所以我们每一个人知道的，只是某个过去。正在发生的这一刹那，我们永远来不及抓住它。我们活在一个比纸还薄的推移的空里，现在是一个虚构，又虚构出我们。这正是

流亡经验的根本底蕴。我觉得你的理解是对的，空间是
《大海停止之处》的诗歌形式，这个形式提供给我一个层
层深入的可能，让我去探索时间(现在) 之内的空。一个
空之内的在空间。我看着我自己出海。不是物理性质的出
海打鱼，而是一个精神上的超越……

叶： 所以说"智力的空间"……

杨： 可以这样说，它的分量来自于它创造形式的能
量。而不是表面上的嚣张或者雄伟。时间作为一个主题，
是古往今来的诗人们都在思考的。但是，我希望通过空间
诗论提供一个更大规模的表达的可能性，把这个探索发展
得更充分。因此，这首诗里四章的轮回，一层深似一层。
每章的第三段，"单调与被单调重复的"、"什么与被什么"
这样一个句型反复出现，构成一种类似于音乐的内在记忆
力。加上其它形式因素，这个组诗的形式设计非常自觉。

叶： 正是在《大海停止之处》里面各种时/空尽头那样
忽尔明亮的处境，而不是回到你生长的中国北方那种长期
处于阴冷处境，那种"文字的装置艺术"才得以成立；要
是这种逻辑成立的话，它里面为什么没有时间性呢？时间
性怎么可以取消呢？我反复思考了这个问题，觉得里面有
一个吊诡；这个吊诡要是能够解决，你作品中的所有其它
问题也好解决。

杨： 时间，在我的这个组诗里首先是被强力地突显
出来——"当你的厌倦选中了海　当一个人以眺望迫使
海　倍加荒凉"，　这个很清楚的尽头的意象，包含了

所有的过去。我们是站在时间的尽头，思考界限与无限之间的关系。"返回一个界限 像无限"，更确切地说：从终点开始。所以这首诗首先是把时间强调出来，然后再逐层深入，来把它拆解掉。深度，使突破时间边界成为可能。我说过，这首诗写在我流亡后最黑暗的时候，它是《大海停止之处》这部诗集的结尾。在此之前是《无人称》这部诗集。那么，《大海停止之处》还包括着另外一个潜在的时间性，就是我完成了一九八九年以后的短诗和小型组诗的阶段，再次开始使用比较大规模的组诗形式。我第一次感到，我又拥有了一种能力，把国外全新的漂泊经验，呈现为一个更大规模的诗歌形式。这里，还内涵着我整体写作的一个跋涉过程，最终，所有的品构成了一个同心圆。

叶：谈谈《􀀀》这部作品吧。要是没有《􀀀》这个英语的拼音，我还不会念你这个字。"诗人在语言中与万物合一，建立起诗的同心圆"——《􀀀》在你诗歌写作的过程里到底是阶段性的总结，还是起点？

杨：如果非要把我的写作分成不同阶段的话，《􀀀》是我中国阶段的完成。它把我对现实的思考，对历史的思考，对时间性以及中文诗的空间形式的思考，还有刚才你曾经提到的诗作为一种语言的装置艺术的思考，做了集大成的表现。因此，到现在为止，它还可能是我最重要的一部作品。虽然《大海停止之处》在我的第二个阶段，也就是海外阶段，似乎影响更大。但《􀀀》里面七种不同形式

的诗和三种不同风格的散文，其难度已超越了一般的阶段
性。你也可以说它完成了一种文学的绝境。即使没有六
四，我在《⅟》完成之后也不得不流亡了—在语言里被逼
入别的领域。我不可能再继续写《半坡》、《敦煌》、《西
藏》，《⅟》已把它们统统变成了初稿。如果我还想继续
写，不管有没有什么出国，都得"以死亡的形式诞生才是
真的诞生"。其实，诗从不进化，只是整体地再生。就像
我杜撰那个字，也就象征性地握住了人类创造语言的第一
刹那。这是死地，再写就是绝处逢生。

诗 的 可 译 性

叶：面对着被理解的迫切性，你们这些写"朦胧诗"
的诗人，在国内不管有多少人看你们的作品，但到底有超
过十亿的人口；到了国外，你跟国土距离远了，跟欧洲反
而拉近了，但你知道你的作品在那里能引起广泛的反应。
那么你的作品的可译性，到底是你写作的一种动力，还是
你的作品发表之后才考虑到的问题？

杨：我要说一句诚实的话，诗歌的可翻译性，只能当
作一个反作用力。这可以说对我的译者不太公平，但我也
认为对他们非常有益。我写诗，是以我的诗"越不可能翻
译越好"作为某种标尺的。因为这样，它才能尽量在中文
性之内走得远，走得深。之所以屈原、李白、王维、杜甫
值得一译再译，正是因为他们作品中中文性体现的完美和

充分。那种令译作感到永远不可企及的高度，使它们对拥有更高能力的译者不停提出挑战和发出诱惑。如果说写作只追求一种简单的可译性，那么不止违背中文诗的基本标准，干脆就是违背诗歌的基本准则。不同语言的诗歌，正是以各自最深刻的独特性构成对话和交流的。至于肤浅的交流，为什么不交给文章和报纸之类来做？我希望我的诗让译者们遇到越多的困难、越深刻的困难越好。到现在为止，我总的来说是比较成功的，因为所有的译者都异口同声地骂：为什么你写这么难译的诗?!

叶：我觉得中文本身就存在一种难译性，但是它总有一些程度上的不同。像"白日依山尽，黄河入海流"，这可能是比较可译的；但"感时花溅泪，恨别鸟惊心"，这在翻译时就可能多了一点难度。

杨：可译性不是把一个句子的内容直接陈述出来就够。刚才你举的两个例子都是对仗，如何在英译里传达出这种对仗呼应之美，不只是听觉上的、平仄上的节奏和音乐之美，更是视觉上的上下呼应："白"对"黄"；"日"对"河"；"依山尽"对"入海流"……这就进入了比庞德对中文诗的意象的思考更深一步的程度。并列的意象，是中文诗的诸因素之一。但中文诗的形式，比简单的意象并列要丰富得多。从平仄到对仗，从七律中间四句的对仗，到流水对，从两句之间的呼应到八句之间的递进，加上用典，把所有的过去不停组合进一首新作之内。在杜甫那儿，真把它写成了一个小宇宙。那才叫空间性的完美呈现。我要求译者的，是把这样一个美感和内涵的深度呈现出来，而不只是传达一个感觉。或者说，为了传达那个特殊的感觉，你必须去创造。在你译文的语言里创造一种形式，一种不同于一般英语诗歌的风格，来传达中文诗里独特的内涵和美感。但不这样苛刻要求，要诗干什么？作为一个被译者，我特别强调译者和诗作之间那个最初的分享点，就是译者读原作，要读到触摸到了原诗想要表达的那个感觉，从那里开始，一步步去寻找他译文的形式。这是一个很高的要求，但中文好就好在它从不简单。从古诗翻译开始，中西之间就有一种深层的对话。到今天还是这样。

叶：刚才提到两个可译不可译的例子，是根据我所理解的英语语法上来讲的；总的来说，英文的词性比较明显，跟中文的无词性有分别。像《大海停止之处》，你把它里面的"海"不论翻译成英语、西班牙语甚至伊朗语〔现代波斯语〕，虽然可能产生不同的含义，但其中到底还有一个意象。要是翻译《𣲗》（Yi），就可能只剩下一个声音，原来设计的图象那层含义就没有了。你觉得这种翻译上的困难，会不会影响你跟你作品受众之间的沟通？

杨：其实正好相反，因为《𣲗》在美国 Sun and Moon Press 出版的原因是这家出版社的主编（Douglas Messerli）本身是美国语言诗派（Language Poetry）中一个比较重要的诗人。他跟我说，他读过不少中国当代诗的英译，总的来说这些诗没让他感到跟西方诗歌有什么不一样，这话当然说得比较客气，他其实是说他没觉得我们的写作有什么新鲜之处。而对《ⵣ》，他的一句话是："这才是我想象的当代中文诗！"当然，我的诗不是唐诗的当代版。恰恰相反，你的在自己的路上走出古典诗人的深度。刚才你说的"ⵣ"这题目的翻译本身，也正好是一种印证，在《ⵣ》的英译中，这个题目无须任何翻译，一个直接印刷的视觉的意象，同时印出了我赋予这个意象的声音（Yi），重叠在一起。毫不影响这个虚构的字的语言观念艺术的意义。英文读者当然会有疑问，就像中文读者一样：这是什么意思？但当他们读完全诗，特别读了四部分的标题之后，再来思考这个新造之字，有人或许会懂我造字的深意。这个观念本身并没有失去，只是有点便宜了译者。

集体与个人的格言

叶：另外有一首诗，在你的作品中可算是一个异类，就是在《幽居》里面，穿插了"泥菩萨"、"猪八戒照镜子"、"知人知面不知心"、"防人之心不可无"，"自作孽不可活"、"命里注定"、"习惯成自然"等等的俗语，或者说是民间用语或日常用语吧，到后来就转化成"一朵莲花是死亡的切片就该透明"、"天空的蓝灵柩无从接近因为无所不在"、"每个字在自己的内室哑口无言"等等，两种用粗体字印刷的用语互相穿插，这是我在你别的作品中没有看过的，只有这首诗才是这样的。

杨：归根到底，诗人生存的深度，认识的深度、思想的深度，最后都要落到诗歌语言的深度上。《幽居》的结构，前八段和后八段是一种互补的曲线：泽泽水水水水泽泽—水水泽泽泽泽水水，从文字上也是相对的。如果说"知人知面不知心"是一种约定俗成的公共格言，那么"声援时间与生命为敌并不是罪恶"就是我个人的格言。我所引用的大众的格言和我自己创造的个人的格言之间，也是一个既相对，其实又呼应的关系。即使在语言的对比上，也反差强烈，色彩鲜明。像"猪八戒照镜子"和"咬人的狗不叫"这类大众口语的直接引用，直触某种语言的集体潜意识。别忘了我也是这集体的一部分！后面的个人格言呢，像不像对那潜意识的一种回答？这种语言组合又最终被这部诗的标题《幽居》所盖括。"幽居"就是个人的内在困境。不管是大众格言还是个人格言，都是自我之内层层困境的隐喻。

叶：我特别提出这首诗，是因为我在这首诗里发现了一种可能性，就是最原始的、最粗糙的一种诗的语言的"复调"——"复调"一词本来音乐术语，后来巴赫金借用来论述小说——在我看来，用作探讨诗歌语言也相当贴切。两种调子同时出现所产生的效果，那种令人驻足细想的作用，就好象《大海停止之处》里面，既有对海洋深远隐喻的渴望，也有不断重复的死亡的主题，两种调子互相交替，造成了该组诗的厚度，或者像你所说的"语言的深度"。至于《面具与鳄鱼》这组短诗，三行加三行变成六行的结构，就彷佛从我称之为"板块的凝固期"到了"词的解冻期"。这里面除了文字的练习以外，还有没有像《大海停止之处》那样隐藏在背后的更深刻的意义？

语 言 疗 伤

杨：简单一点说，《面具与鳄鱼》是在《 ♪ 》写作以后，我自己给自己所作的语言疗伤。《 ♪ 》我写了差不多整整五年，这五年不停地思考语言、形式、对比、结构、空间等等，我后来发现我在潜意识里被语言伤害得非常深刻，好象语言成了一种病，藏在肉体里面。《 ♪ 》以后，怎么继续往前写？写什么？是一种可怕的挑战，或者说压迫。我只有一个基本的念头，就是我绝对要写跟《 ♪ 》完全不同的东西。《 ♪ 》的丰盈的意象，甚至奢侈的语言挥霍方式，构成了我下一部作品的相反前提。一九八八年，我们跟梁秉钧在这里喝完了 Carlsberg 啤酒之后，我到了澳大利亚。完全不期而然的，在澳大利亚旅行的长途汽车上，有些很短的句子跳出来。我把它们记下来，觉得种短非常有趣。再后来有几首诗是以两个三行的方式写下，我突然觉得我在六行这个形式里感到了一种完整性。从一行到一行，有种发展递进，并不因为只有六行就变得迟滞僵硬。在很小的房间里跳舞，有一种特别的快感。所以，我就把这个形式固定下来，写了三十首面具和三十首鳄鱼，只是在写完相当久之后，我才突然发现，它们其实暗合了了卦象——六爻，三爻和三爻——《 》的易经结构，它仍在最深的地方操纵着和伤害着我！写《 》的五年的时间里，我被那些六爻困扰着，最终它们以语言的形式呈现为我的下一部作品。这是不是一个咒语？再读那些诗，语言之痛历历在目。又是一种血缘性的关系。

影 子 的 游 戏

叶：《面具与鳄鱼》里面就好象有一出手影戏，像皮影戏一样的手影戏，让影子局部在墙上演出；在河边做一个手势，在河里就有一个优美的手势的倒影。整个作品就是一种影子的语言的游戏，不管墙上手影的姿态如何，它主要是在找一个对应的主题；要是找到了对应的主题，那怕手影只是局部的，只有六行。

杨：到底诗人和诗孰为真孰为假？孰为实孰为幻？到底是一首虚构的诗比诗人更真实，还是肉身的诗人仍然比诗更真实？至少我们看见，当屈原、李白、杜甫这些诗人隐入了时间的阴影，诗歌远远比诗人更真实；或者说，诗歌还在通过它的存在不停创造那些诗人。因此影子有一个更高层次的真实，因为它概括了所有躯体。

十 六 行 诗

叶：你曾告诉我，你写了一批十六行诗，我只看过十来首，但印象非常良好。我觉那种八行八行的形式，可以分两个层次来看，一个是律诗的前半部和后半部，一个是宋词的上阕跟下阕。还有你的另一首诗《老故事》，我对它四四一十六行的形式，也特别感兴趣，因为它除了与你那个八行加八行的形式，有某种血缘的关系以外，也有点像古诗十九首《行行重行行》、《西北有高楼》一段接一段透过叙事回旋攀升的那种节奏。我们谈谈这个四四一十六行和那个八行加八行形式的关系吧。

杨：《老故事》是我在新西兰写的，它之老，在于在一代又一代人身上无限重复。四乘四行这样的形式，可以说是现代诗里最普及的形式。每一个诗人开始写诗时信手拿起来的都是这个形式，我自己也不例外。当我想写人的命运是如此可悲的一致的时候，使用这个形式几乎带点宿命的成分。十六行诗也很有意思，1988 年我出国以后，每隔一段时间，这个两段八行的形式，就会来找我，而且经常是当我面对一些很重要的题目，比如说，《1989 年》；比如说《流亡之书》，比如说《与纸垂直的方向》，《死诗人的城》等等。它有一个特点，可以处理较大的主题，又不必铺铺张张啰啰嗦嗦说得很长，两段其实是两个层次，提供了一个大含量的空间。所以，在我

写完了国外最长的作品《同心圆》之后，就决定与这形式
来个素面相对。就像我写完《 》以后，写了三十首《面
具》，三十首《鳄鱼》。我也又给自己定下三十首十六行
诗，一个数字上的回声。正如你刚才说的，它的形式其
实和宋词的上下阕有一种呼应的或者说再发现的关系。
它使用的是中文空间性的特长。在非线性的叙述中扩大
诗的含量。它又是当代诗，又和我们今天的语言思想，
包括我们思想的复杂性有关，因此不能像宋词那样固定。
高行健听说我在写十六行诗，他说，这是你自己的形式。
我觉得他说得很到位。像在《一只苏黎世的天鹅》诗里
面，反复地出现"他"和"她"的变奏，"如他所说"，
"如她所说"，一直发展到典型如"五指之美美在死死握
紧茫然"这样的句子。略去字面，而倾听声音，"指一
之……美—美……死—死……"，像不像"凄凄、惨惨、
戚戚"？这种声音上的呼应，这种音乐感，以及有意识的
音乐设计，不仅给翻译，更是给写作本身的提问。对于
我，诗的形式创造和诗的内涵之间，必须找到一种必要
性。有了它，就有美。反之，就是丑陋的。我会坚持用
这个标准看待一切作品。

结语：文化的承担

叶：两本这么厚的书用仅仅两个小时来谈，肯定是谈
得不够，也不到位。但既然杨炼的诗集很难在香港找到，

能够借今天的这个对谈在《香港文学》把杨炼介绍一下也是好的。最后一个问题，作为一位诗人，你接着有什么写作计划？例如会不会在短小的十六行诗以后写一部大部头的作品？

杨：一切都可能，如果它让我自己认为向语言和生存的深度挖掘有意义的话。孤独，是一个当代中文诗人必然的感受。在我们今天中国的文化处境中，不可避免。经历了整个 20 世纪的折腾，有太多的关于中国文化传统的话题，需要重新反思了！接着刚才的形式问题，我自己最近反复地强调，要重建从楚辞、汉赋、骈文、律诗传承下来的我称之为中国文学形式主义的传统。一个雅的传统，和两千年来中国书写系统与口语系统人为的拉开距离极有关系。在今天的商业化和大众文化的冲击之下，诗人能否给自己的清高在这儿找到一个安身立命之处？换句话说，我们过去处在混乱的思考以及武断的结论所造成的废墟上，钱的泛滥，把破坏进行得更彻底。诗人依托的不是社会性或市场的叫好声，而是自己对历史和传统中诗人命运的认同。在这个意义上，我的诗集当然很难在香港买到，也很难在大陆买到，也很难在世界上买到；即使被买到，我也得说，可能只有比买的人少十倍以上的人会去读，可能再少十倍的人会去喜欢。但这是我接受的。我把它作为开始的起点。实际上，一个文化，总是由某些个人来承担，而不是由群体来承担的。就像我们今天回头看过去一样。

图书在版编目(CIP)数据

唯一的母语：诗意的环球对话 / 杨炼著. ——上海：
华东师范大学出版社,2012.4
　　ISBN 978-7-5617-9368-8

　　Ⅰ.①唯… Ⅱ.①杨… Ⅲ.①诗人—访问记—世界
Ⅳ.①K815.6

　　中国版本图书馆 CIP 数据核字(2012)第 036803 号

华东师范大学出版社六点分社

企划人 倪为国

唯一的母语：诗意的环球对话

杨炼 著

责任编辑　倪为国
封面设计　吴正亚
责任制作　肖梅兰

出版发行　华东师范大学出版社
社　　址　上海市中山北路 3663 号　邮编　200062
网　　址　www.ecnupress.com.cn
电　　话　021-62450163 转各部门　行政传真　021-62572105
客服电话　021-62865537(兼传真)
门市(邮购)电话　021-62869887
地　　址　上海市中山北路 3663 号华东师范大学校内先锋路口
网　　店　http://hdsdcbs.tmall.com

印刷者　上海景条印刷有限公司
开　　本　889×1194　1/32
印　　张　7
字　　数　130 千字
版　　次　2012 年 4 月第 1 版
印　　次　2012 年 4 月第 1 次
书　　号　ISBN 978-7-5617-9368-8/I·885
定　　价　35.00 元

出 版 人　朱杰人